AMOR MÍSTICO

Y

AMOR MUNDANO

EN

MALÓN DE CHAIDE.

Fernando de la Fuente Callejo

*Nuestra misión es ofrecer eficientemente el mejor y más exhaustivo servicio de
publicación de libros en el mundo, facilitando el éxito de cada autor. Para
conocer más acerca de cómo publicar su libro a su manera y hacerlo disponible
alrededor del mundo, visítenos en la dirección www.trafford.com*

Trafford rev. 4/27/2010

 www.trafford.com

Para Norteamérica y el mundo entero
llamadas sin cargo: 1 888 232 4444 (USA & Canadá)
teléfono: 250 383 6864 ♦ fax: 812 355 4082

Memoria de Licenciatura en
Filología Románica, realizada
bajo el asesoramiento del
Catedrático de la Universidad deMadrid
Dr. D.Rafael Lapesa Melgar.

A mi esposa
Frances Mary Dalton de la Fuente
y a mis padres Manuel y Leonor

Indice

INTRODUCCIÓN

CONCEPTO Y EXPRESIÓN

"Estética platónica, subida desde la belleza particular hasta la causa primera y unión mística del alma con Dios: he aquí dos mundos que se reducen a expresión". A través de la palabra el P. Malón intenta dar conocimiento de los admirables efectos del amor. A la vez que nos describe este admirable mundo amoroso, nos muestra un inmenso campo luminoso que se abre para la literatura religiosa. Esta acaba de hacer con unos pocos nombres la más admirable de sus conquistas: ser expresada en el lenguaje vulgar.

En el comunicativo estilo de los místicos han comenzado a sonar, con música, las más altas experiencias místicas. (Valera: amor platónico).

La abundante literatura "a lo divino" y el uso de la hipérbole sagrada han acercado, cada vez más, esos dos mundos polares y han puesto en circulación el caudal de sus conceptos y expresiones.

Desde el punto de vista del platonismo, amor mundano y amor místico no se oponen, sino que son el principio y el fin de un itinerario que suele recorrer el alma en su ascensión hacia la Suprema Fuente del Amor.

El determinante "mundano" (mundus, cosmos), lo diferencia del amor sensual, nacido de los sentidos, con movimiento contrario (aversio a Deo), ignorancia.

En el P. Malón, --frente a las concepciones renacentistas no platónicas–, la expresión amorosa detecta autenticidad si ese movimiento se refiere, en un supremo salto, a lo transcendental.

Unido al tema va el aspecto lingüístico de raigambre renacentista en su preocupación por embellecer la lengua nativa. Al inmenso campo del tema elegido van a abocar todas las posibilidades de expresión de la lengua castellana. Amor y amores: abarcan desde el infinito centro de nuestras intimidades hasta lo más frívolo de las relaciones humanas; desde la expresión pulida y limada hasta la ya cristalizada en aforismos y usos más familiares y hasta en la concreción filosófica de los refranes.

"Una mujer de rara hermosura, como Magdalena, que después de haber agotado las más impuras copas del deleite, trocó el amor humano por el divino, y no se cansó de verter lágrimas para borrar sus manchas, había de dar fácilmente ocasión a largas y pomposas descripciones, a contrastes de efectos, a figuras atrevidas, a diversidad de sensaciones y efectos capaces de revelar en toda su extensión la flexibilidad de una lengua, que aunque no muy cultivada, se sentía con fuerzas para seguir en todas sus ondulaciones la razón y el entendimiento". (196).

Sobre el propio Malón pesaba la seguridad de una formación esmerada para las artes y teología.. Así lo deja ver en la dedicatoria del libro.

"Después de mis estudios acabados, y habiendo tenido por tiempo de algunos años tan continuos ejercicios, así de lectura de las Sagradas Escrituras en diversas Universidades, como sermones en muchos púlpitos, y por la misericordia del Señor con algún aplauso y acetación"..

(Compárese estas afirmaciones con las de Fr. Luis en (197): "esperaban de sí grandes tratados"...)

El P.Malón se formó en el antiguo convento de agustinos (en la Flecha) en Salamanca. Fueron sus maestros Fr. Luis de León y el P. Guevara. (Para biografía y notas bibliográficas remito al P. Santiago Vela, que es la última palabra sobre ello y la única (198). Así mismo pueden verse las introducciones del P. Félix García, en la edición Clásicos, I, y la de J. García Morales en la edición de Aguilar.

Se ha afirmado la influencia de Fr. Luis en el P. Malón. Creo que es suficiente el magisterio y la personalidad de Fr. Luis para explicar todas sus coincidencias. En muchas ocasiones es fácil ver cómo se amoldan al temple temperamental de cada uno: reposado, pero enérgico, Fr. Luis; exuberante e impulsivo, el P. Malón de Chaide. Sobre este substrato caracteriológico, que diría mejor en una época barroca, es fácil advertir en el autor del libro de la Magdalena un sentido renacentista que nos permite valorar el alcance de la decisiva influencia de Fr. Luis en su formación.

De él aprendió el método y la técnica, el amor a lo clásico; pero su temperamento no le deja quedarse en la mesura luisiana.

En esos dos factores formativos está el origen de su dualidad literaria: clasicismo y popularismo, (un fondo renacentista y en la mayoría de los casos de una expresión barroca: fuentes helénico-románicas con sus mitos y fuentes apoyadas en una tradición popular).

Si nos fijamos bien en la literatura española, junto al clasicismo renacentista convivió el tachón humorístico de la picaresca.

LENGUA Y ÉPOCA

Hacia 1535 Juan Valdés dedicaba sus solaces a escribir sobre "punticos y primorcicos de la lengua vulgar".(199). En el diálogo de la lengua dirá por boca de Marcio: "Siempre hallábamos algo que notar en vuestras cartas, así en lo que pertenecía a la ortografía, como a los vocablos, como al estilo". (200).

Con estas palabras Valdés siembra la inquietud en las clases amantes de su lengua nativa, el castellano: "pues todos los hombres somos obligados a ilustrar y enriquecer la lengua que nos es natural".

A este primer período de selección , de lenguaje cortesano, sigue otro que coincide con el explendor de la mística (1555- 1585). "Ahora se abandona el patrón cortesano y se fragua la lengua de todos, buscando para ello la máxima eficacia en la edificación de un pueblo español; pueblo de cruzados, defensor del concilio de Trento". (201). Y es Fr. Luis de León quien logró dignificarla "lo mismo que los autores griegos y latinos lo hicieron con la lengua materna".

Con la importancia de la lengua adquiere proporciones la importancia de su enseñanza. El Renacimiento impone una revisión de los estudios gramaticales. Lorenzo Valla es el primero que vuelve sobre los gramáticos clásicos, despreciando los escolásticos. En España florece una generación de gramáticos como Nebrija, Vives y el Brocense..(202).

En 1582 fracasó la petición al Claustro de la Universidad de Salamanca de enseñar gramática por un nuevo método. La petición fue redactada por Fr. Luis de León. El y el Brocense son el alma de ese movimiento (203).

El problema caía tan dentro de las preocupaciones renacentistas que en distintos países surgieron las apologías de las lenguas respectivas:

En Italia, Bembo escribe "La prose della volgar lingua"(1524)

En Francia, De Ballay escribe la "Defense et illustration de la langue francoise" (1549)

En España, aparecen los "Dialogos" de Valdés (1535). (204).

Un mejor conocimiento de la participación de Fr. Luis en estas polémicas podría darnos luz para comprender algunos pasajes del prólogo, y de las frases despechadas que hallamos en el libro de la Magdalena.

Muchas de sus frases pueden ser llevadas fácilmente a esta clase de interpretación; por ejemplo: "Digo, pues, que hay hombres que con no ser ellos para nada, ni levantarse a cosa de virtud su pensamiento, toman por oficio decir mal de todo aquello que no va medido con su grosero juicio. Tienen otra cosa rara, digna de tales sujetos y que es que, si oyen algo fuera de lo que ellos han leído en nuestros autores de Gramática, lo asquean tanto y lo burlan de tal suerte, como si solo aquello con que han desayunado su entendimiento fuese lo cierto y de fé, y lo demás fuese patraña y sueño". (205)

Aún sigue y hace referencia a valores más positivos de otros:

"Mas a lo menos podrían dexar pasar con modestia cristiana lo que no viene tan pegado con su gusto como ellos desean y ensayarse ellos en cosas semejantes, para que cuando vean que no es tan fácil como ellos lo soñaban, con esto, ya que no tengan en mucho los ajenos trabajos, dexaran siquiera de murmurar de ellos y de sus autores". (206).

Y en las páginas anteriores nos ha dicho: "podría responder a todos juntos que como dixo mi padre S. Agustín, huelgo que me reprenda el gramático, a trueque de que todos me entiendan. Así yo quiero, si pudiese, hacer algún provecho a los que poco saben de lenguas extranjeras, aunque por ello murmure el bachiller de estómago, mofador de trabajos ajenos".(207).

Proclama la necesidad de cultivar la lengua castellana "para escribir lo curioso y lo bueno que saben y podrían divulgar los hombres sabios.".(208) Y termina con la admirable apología de la lengua castellana.

Este interés por la lengua materna no es menor cuando se trata de su fijación: "yo procuraba que compusieran (los imprentistas) como yo quería y escribía". "Digo, pues, una regla general que tengo por acertado que no se escribía cada palabra solo con aquellos caracteres y letras que pronunciamos cuando hablamos: ombre, onra, acer, conocimiento, afeto, sujeto, súdito". (209).

Y juzga fuera del sistema el conservar la grafía latina. ¿"Quién dio a la "t" el sonido de "c"?

Los latinos escriben "diction". Si debe conservarse ¿Quién dio ese sonido al castellano que no tiene?

Cree inútil la grafía de la "h", 'pues yo no pronuncio la "h"; ni vio jamás que, al pronunciar ermanos, ninguno aspirase la "e" y dixese hermanos"..

Sería conveniente, según M. de Chaide, duplicar la consonante donde quitamos alguna letra, como lo hacen otros romances; pero ve el inconveniente que resultaría al encontrarse estas dobles con otras grafías (como la "ll").

Entre otras peculiaridades puede verse:

1. Distinción entre grafía u y v, usando la "u" sólo como vocal, y la "v", como consonante.
2. La t final latina: Preguntado Valdés qué era mejor: escribir cien sin "t" o cien con "t", duda cual tomar por mejor, pero al final se inclina por escribirla sin t.

   En Malón se encuentran algunos ejemplos con "t": Sant Joan, Sant Augustín, Sant Augustino.(210)
3. Reducción de grupos:

   NM: emendar) solo una vez aparece enmendar (211).

   Latin: emendare.

KC: leción, lición.

KT: dotores, dotos, (una vez doctores), jate (252, de jactar): vitoria (212); ditos, perfetísimos, efeto, (pero efecto y acto) (213).

GN: dinas, (dignas, 214), Madalena; de nuestro desinio (84).

PT: acetar

SC: deciende, decepar.

4.- Otras notas especiales son:

Vacilación de timbre en las vocales: escribiesen, escrebir, ecribiese, emprenta, envidia(215).

Sonorización: faldriquera, por mandado ruego.

"Pezo".- presenta ensordecida la "Z" ; deduzió (59).

en "profetiza"y "juez" hay seseo catalán o andaluz del impresor. (216)

Conserva la grafía de las "ss": esso (I.236, pone "ello" por lo que resulta dudoso el ejemplo. No aparece en otros casos.

LA CRITICA DE LOS BOSCANES Y GARCILASOS

Al leer su prólogo termina uno con la duda de si puede su enemigo contra los censores del cielo y de la tierra, limitarse sólo a los que lucen borla de doctores o es posible ampliarla al ambiente de la España Inquisitorial. Ciertamente leyendo solo el prólogo parece exagerado, pero no lo parece tanto si se tienen en cuenta otras circunstancias que por escasos de espacio no copiamos, pero que puede verlas el lector en el P. Miguel de la Pinta (La Inquisición española y los problema de la cultura), y en el P.S.Vela (217). (Véase cómo la fecha 1572 es ignominiosa para las efemérides agustinianas: prisión del P. Cudiel en Valladolid cuando iba a presidir un capítulo provincial en el que Malón de Chaide iba a defender una proposición de Verbo Incarnato; en ese mismo año es preso Fr.Luis de

León. A esto añádese lo que Sánchez de las Brozas expone al claustro de catedráticos de Salamanca, que coincide con la mentalidad del P. Malón de Chaide sobre los libros de poesía de piedad .¿Condena en ese prólogo los libros de "amor" (los boscanes, los garcilasos, amadises..? Si a esta pregunta añadimos la primera parte de la interrogación retórica con que él aborda el tema, veremos clara la contestación "¿Qué otra cosa son los libros de amores."..? Luego él condena los libros de amores , no los libros de amor y de hecho él va a hacer un tratado de amor; ni tampoco condena el amor mundano; pero entendido dentro de su sistema: cosmos-para los griegos-; mundus-para los latinos- valen tanto como mundo ordenado y bello. Amor mundano es un amor nacido de la belleza vista en ese cosmos. A esto se opone el término amores, nacido de un interés egoista , no de una idea de belleza. Los generaliza con un nombre común tomado de autores que han escrito sobre eso. Pero esta poesía de garcilasos y boscanes tampoco queda condenada de absoluto, sino sólo cuando no sirva de nacimiento al verdadero amor.

"Se ha querido, dice Erna Ruth en su libro "Amor, Muerte y fortuna en la Celestina", se ha querido ver una relación entre el amor cortés y el concepto neoplatónico, sosteniendo que el amor es un impulso que impele al hombre a tanscender el límite de los sentidos y de la materia para enlazarse hasta Dios. Los que así se llaman platónicos solían imaginarse un amor que llegaba a lo divino sin abandonar lo humano o material; pretendían que era todo espíritu, a pesar de que partía de lo carnal. Pero la teoría platónica excluye completamente estas ideas".

Para comprender cómo encajar el tema de la poesía dentro del platonismo puede leerse el elogio que Fr. Luis hace de la poesía: "Por que éste es sólo digno sujeto de la poesía, y los que la sacan de él, y forzándola la emplean, o por mejor decir, la pierden en argumentos de liviandad, habían de ser castigados como públicos corrompedores de dos cosas santísimas; de la poesía y de las costumbres. La poesía corrompen, por que sin duda la inspiró Dios.....para levantarlos al cielo de donde ella procede; porque poesía no es sino una comunicación del aliento celestial y divino; y así, en los profetas casi todos, así los que fueron movidos verdaderamente por Dios como los que incitados por otras causas sobrehumanas hablaron; el mismo espíritu que los despertaba y los levantaba a ver lo que otros hombres no veían, los ordenaba y componía y como metrificaba en la boca las palabras, como número y consonancia debida, pero que hablasen de más subida manera que las otras gentes hablaban, y para que el estilo del decirse asemejase al sentir, y las palabras y las cosas fuesen conformes. Así que corrompen esta santidad y corrompen también, lo que es mayor mal, las santas costumbres; porque los vicios y las torpezas, disimuladas y enmeladas con el sonido dulce del verso recíbense en los oídos con mejor gana..." (218)

Así lo cree y expone J.B. Avalle-Arce en su libro ¨la novela pastoril española¨ en su capítulo IX : Censuras y vueltas a lo divino.

A estas consideraciones siguen otras del mismo tenor que las del P. Malón de Chaide. Luego no condena tampoco la poesía profana, sino sólo una clase de poesía: "Dije al principio de este prólogo que hacían gran daño los libros de poesía profana y por si pudiese yo reparar alguna parte de este daño, he querido probarme a hacer algunos versos...Podría ser que, hecho el gusto a estos salmos y canciones divinas, vengan algunos a disfrutar de las profanas" (219). En la edición de Aguilar se halla: vengan algunos a desgustar de las profanas.

Vossler puntualiza más, historiando esta diferenciación entre poesía alta y poesía baja, poniéndola ya como corriente en la Edad Media.

"Cuando la gran poesía de la antigüedad grecorromana empezó a conquistar el alma de los cristianos no dejó prevalecer a Homero, Virgilio, Horacio y otros, como espíritus visionarios, proféticos y llenos de aliento divino".. A través de términos como "poeta philosophus, poeta theologus, poeta vates y vates", se les colocaba cada vez más en el mismo plano de los profetas del Antiguo Testamento y de los apocalípticos del Nuevo:

Quisquis erat vates, Vas erat ille Dei...(220)

I. TEORIA DEL AMOR: PLATONISMO DESDE LOS TIEMPOS HELÉNICOS HASTA EL RENACIMIENTO

PLATÓN Y SU FILOSOFÍA DEL AMOR.

El punto de partida es su teoría sobre lo bello. "La belleza sensible es trampolín para saltar a la ideal"(5). Por lo bello se llega a lo verdadero (a las ideas) Hay una esencial comunidad entre la Belleza y la Verdad. Debajo de la idea de Bien y de Verdad–objeto de la filosofía- está muy próxima la Idea de lo Bello. La gran cualidad que Platón descubre en la Belleza es que es más fácilmente visible que la Verdad. Se ve, resplandece; más, se impone de un modo más vivo e inmediato. La Belleza nos puede llevar a la Verdad: por eso el filósofo es "amador", y de la contemplación de la Belleza de un cuerpo se eleva a la de los cuerpos en general; luego a la de las almas, y por fin a la de las Ideas.(6) De la Belleza nace el amor.

El camino para llegar a ese mundo transcendental viene dado por el propio Platón bajo el nombre de "dialéctica del amor". Así lo explica X. Zubiri: En cada cosa está, pues, en principio, todo; cada cosa no es sino un espejo, speculum, que cuando incide sobre ella la luz de la mente, refleja el todo único que plenariamente es de veras. El ser de todas las cosas es un ser "especular" (tomado el vocablo como objetivo). El todo está en la cosa "especularmente ". Y saber una cosa por sus principios será saberla "especulativamente"; es ver reflejado en su idea el todo que de veras es; ver cómo lo que es de veras ha llegado a ser aquí "vino", por ejemplo. Entendida así la cosa, co-entendemos todo lo demás, en cierto modo. Esta comunidad radical y determinada de cada cosa con todo es lo que se ha llamado sistema.. Este sistema expresa la manera cómo lo que de veras es, ha llegado a ser esto... El logos que enuncia sistemáticamente el ser especular de las cosas no dice simplemente lo que es, sino que expresa este mismo "llegar a ser": no es silogismo sino dialéctica; mientras aquel deduce o induce, ésta educe. No es combinación, sino generación principal de verdades. Las ideas se conquistan dialécticamente.(7).

Solamente por el método dialéctico el hombre puede conocer la idea de Belleza. Y no todos sino sólo el sabio- el que llega a tener "sabor" de la sabiduría.- es capaz de llegar a conocer su verdadero ser partiendo de la visión de las cosas Bellas, embellecidas. Y como estas siendo sólo reflejo y sombra de la verdadera Idea , son tan bellas, encienden el deseo de conocer y gozar la Verdadera Belleza. Así la Belleza origina el deseo de Belleza.

El amor, según expone Platón en el Symposium es deseo de algo que no se posee..El amor consiste en querer poseer siempre lo bueno.. Pero ¿ cuál es la indagación y persecución de lo bueno, a que se aplica propiamente el amor? Es la producción en la Belleza según el cuerpo y según el espíritu (III,, pag 121). Así si ama la Belleza, debe estar desprovisto de ella. Y como lo bello se identifica con lo bueno, debe estar también desprovisto de lo bueno. El amor no es pues ni lo bello ni lo feo, ni lo bueno, ni lo malo. Es un intermedio, un metaxí; no es un dios, sino un daimon, un intermediario entre Dios y los hombres, entre lo transcedental y lo sensible.

Nace de la admiración que se entiende por la Belleza "pasando de lo corporeo al amplio mar de la eterna Belleza"(8).

Según el mito del Tiro alado, amor (eros) es hijo de Poros (la riqueza) y Penía (la pobreza). Eros es indigente y rudo (como hijo de Penía) y persigue a lo bello, lo bueno y lo viril (como hijo de Poros). Pasa la vida filosofando; es brujo, mago y sofista.

Es decir amor es tendencia, anhelo, deseo de la posesión perpetua de lo bueno. Tiene como objeto propio lo que es bueno y busca su posesión. Es deseo de engendrar en la Belleza según el cuerpo y el alma. Según el cuerpo busca la inmortalidad en la procreación. Según el alma aspira a poder llegar a la contemplación de lo bello.

En el Fedro lo define como "deseo de Belleza". Distingue el amor falso, irracional y antifilosófico, egoista, enojoso o infiel, del amor verdadero y divino.

Es considerado como el cuarto furor - despúes del divino, místico y poético- ; un furor suscitado por la belleza de aquí abajo que recuerda la verdadera Belleza, la del mudo de las Ideas.

En el Symposium prevalece la tendencia transcendentalista. Refuta la opinion de Pausanias (amor según la política), y Erisimano (amor según la naturaleza), de Aristófanes (amor según el arte), de Agatón (amor como dotado de la suprema cualidad). Luego nos advierte que el amor requiere iniciación y quien quiera iniciarse en el arte del amor, debe amar primero a un cuerpo y después de la belleza corpórea iniciar la ascensión.

El ascenso erótico que se inicia en los cuerpos bellos y prosigue a través de las almas bellas, culmina en la pura contemplación de las Ideas.

Ya en Plotino y Proclo (siglo III-V) la toría platónica del amor había recibido una manifiesta interpretación y reacuñación teosóficas. En lugar de la visión racional de la Idea aparece el concepto de la Gracia; el último y más alto conocimiento se convertía en una total plenitud religiosa. Desde Plotino, conoce el platonismo el concepto de éxtasis (ἔκτασις), pero fue Dionisio Areopagita, el discípulo de S. Pablo quien en el siglo V-VI dotó de contenido cristiano el sistema que aquel ya había modificado. El fue quien en realidad estableció la unión entre mística y platonismo. Esta concepción cristiana tuvo decisiva influencia a través de M..Ficino, P. De la Mirándola, y sobre todo sobre su compatriota Castiglione, y no menos en León Hebreo "(9). Plotino se basa en Platón, pero con ascendencia oriental, Su doctrina se basa en las Enneadas. Es un emanantismo panteista y tiene referencia al pitagorismo. Piensa que hay una Trinidad Suprema (Pitágoras). Existe un principio de todas las cosas, el UNO, la Naturaleza y el ALMA UNIVERSAL que son emanación del UNO. Este es como una luna en el agua: en una zona hay mucha luz que se va apagando hasta llegar a un límite en que es materia inanimada, mal. De ahi la dificultad de ver al mundo como obra de Dios.

Como Platón distingue entre la Belleza sensible y la Ideal. Aquella es tan solo la manifestación de esta..El esplandor de la idea imprime a las cosas su belleza. La belleza cumple un papel purificador : eleva hasta el ideal.. La belleza ideal es la de las almas o ideas de Platón. La belleza ideal de las almas es su virtud, de ahí la tendencia a la ascesis y catarsis.

4

Los grados de retorno al Inteligible son cuatro:
1. Disciplina de la vida sensible.
2. Contemplación del Inteligible en el sensible
3. Pensamiento discursivo.
4. Extasis.

El resplandor de la idea inculcado en el alma como recuerdo de la divinidad se oscurece al unirse al cuerpo la materia. De ahí viene la necesidad del primer estadio: la purificación del alma mediante una disciplina que la libere de la materia o de todo obstáculo que la aleje del recuerdo de la Idea.

En segundo grado es realizable mediante el arte o el amor como deseo de esa belleza o de ese traslucir del ánima universal.

En el capítulo dedicado a la belleza (en las Enneadas) insiste sobre su concepto–belleza como la flor de la forma–superando la materia por el imperio de la razón ideal sobre la misma materia. Sostiene que el ánimo conoce la belleza de los cuerpos por una forma de belleza innata o sea, por aquella idea que permanecería si se suprimiese la materia.

En el capítulo dedicado al amor insiste en la idea de que se funda en el deseo, noción, afinidad y percepción instintiva de lo bello.(10).

LOS ALEJANDRINOS.

Alcanza el platonismo a las principales figuras de la patrística, así como a la escuela de Alejandría. Podemos mencionar a S. Justino, Taciano, Atenágoras, Teófilo., S Ireneo, Tertuliano, Clemente de Alejandría, Lactancio. (11)

Otros dos grandes hitos que nos da el Neoplatonismo son S. Agustín y Dionisio Areopagita. A través de ellos es conocido en la Edad Media. Las duras controversias de carácter dogmático que el neoplatonismo planteó dentro del cristianismo han sido estudiadas por Souverain: Le Platonisme devoilé.

S. AGUSTIN

S. Agustín es el hombre que llega al cristianismo después de haber especulado sobre todos los sistemas del paganismo. Muchos de sus postulados no dudó el santo en llevarlos y aplicarlos a la explicación del dogma que la lucha contra los gnósticos imponía. Era un procedimiento ya seguido antes de él.. Pero es él quien lo justifica con el famoso comentario a una frase del Exodo: Spoliavit Egiptios (12). Así como Dios permitió a los israelitas robar el oro y los tesoros de los egipcios para ofrecerlos a Yavé, así a nosotros nos es permitido usar términos y expresiones del mundo pagano para expresar para ilustrar nuestra fé.

Con esto se lleva la lucha a su mismo punto filosófico. Lo mismo ocurre con el tema del amor. Trata de concordar sus conocimientos platónicos con la doctrina dogmática.

Primeramente lo trata desde el punto de vista ontológico, poniéndolo como principio ordenador, para considerarle después en el orden antropológico y moral.

En el orden ontológico S. Agustín comienza por afirmar el hecho de la creación-acto libérrimo y consciente de la voluntad divina- (frente a la persistencia del Caos ordenado por el amor o al emanantismo del Uno de Plotino). Es una creación por amor que tuvo su origen en un deseo -libre- de la divina voluntad de hacernos partícipes de su bondad (13).

"Quiso Dios hacer partícipes de las posibilidades de sus bondades a nuevos seres; los amó en sí mismos y por sí mismos sin ningún plan concebido de posible utilidad, que es la más pura esencia del amor" (14).

Y la realización de ese deseo fue la creación .. La creación por amor se especifica, así como la creación por las ideas, en el sentido concreto que S. Agustín vino a dar a este término del neoplatonismo. Cada cosa ha sido creada según su "razón", según su idea tal como las ideas o razones existían en la mente del creador (15). Dios no vió las creaturas en sí mismas antes de ser creadas, sino en el proyecto o modelo que tenía de ellas en su mente (16). La creación es, pues, una respuesta a la vocación divina desde la nada, desde el no ser (17).

Así como hemos visto en los filósofos griegos caminar sobre el Caos informando y ordenándole, así aquí lo vemos en S. Agustín no solamente siendo causa de la Creación , sino ordenando las cosas como algo íntimo y constitutivo poniendo "número y ley" a cuanto existe y se mueve, (El concepto de Ley Eterna y Ley Natural en los escolásticos). Las cosas todas "ponderibus suis aguntur, loca sua petunt" (18). El amor es una gravitación universal. El ordo amoris es la causa, la ley y el fin de todo lo creado.(19).

En el orden moral para obtener la idea de amor parte S.Agustín del hombre caído y del concepto de pecado original, mediante el cual perdió su estado de naturaleza pura y pasó al de naturaleza caída. La naturaleza ha quedado degenerada, herida de muerte. Amor es apetencia a su antiguo estado de gracia. Pero en el hombre existe otra fuerza imperante que es la libertad. Esta permite al hombre desarrollar en su vida un juego– a veces trágico – de preferencias y estimaciones. En él intervienen la vocación del hombre a su estado primitivo y ese mundo pasional de apetencias e inclinaciones de la naturaleza movidos por ese libre albedrío.

De este modo posee el hombre la posibilidad de crear un "ordo amoris", "un sistema de preferencias", un mecanismo ontológico que nos define. (20).

Este sistema de preferencias tiene su importancia aún en el orden social. En frase de Ortega, "se comprende que en nuestra convivencia con el prójimo nada nos interesa tanto como averiguar su paisaje de valores, su sistema de preferir que es raíz última de su persona y cimiento de su carácter".

En la terminología agustiniana el concepto de amor-como gravitación- fuerza íntima que obliga a cada cosa a informarse, coincide con el eros griego.

Pero esa gravitación tiene un movimiento especial en el hombre, como ser dotado de libertad. Por eso en el hombre el ordo amoris es infinito, mientras que en las cosas inanimadas es siempre el mismo, sujeto a un canon de esencialidad. (21)

El amor es, pues, una gravitación. Por él se define el hombre como un "pondus" por el que es llevado y traído a donde quiera que es llevado o traído.

Existe una primera gravitación en el hombre, anterior a la caída (a la culpa original). Con la caída se opera la desarmonía en el hombre y una disgregación del "amor-pondus" en dos fuerzas opuestas: el amor Dei y el amor sui.

Proyectadas estas dos fuerzas en la sociedad dan origen a las dos ciudades.

El amor Dei es la presencia de Dios en la vida del hombre, "Amor Dei, sublevatio charitatis; y el amor sui, la presencia del pecado: amor sui, pondus iniquitatis". (22).

El uno es "amor attollens", que nos eleva hasta lanzarnos en pos de las invitaciones del Señor al orden natural, al de la gracia. Es llamado también "amor securitatis"(23).

El otro es "amor defluens" que nos rebaja y nos hunde en la iniquidad de la vida.

Los dos amores estan en continua lucha. El hombre puede ayudar al "amor Dei" mediante una práctica de ascesis.

Así la teoría platónica y la neoplatónica quedan incorporadas al cristianismo, cuya meta es el triunfo de la caridad, amor de Dios. A ellas quedan reducidas todas las virtudes. La virtud es "ordo amoris", por tanto quien posea la caridad, posee todas las virtudes. Reduce igualmente el amor a dos direcciones fundamentales y somete nuestro proceder a esa doctrina sistemática, la del "uti et frui".

El amor llega a ser la dinámica de la historia. Sintetiza su doctrina a la frase lapidaria: "ama y haz lo que quieras": formulación de la perfección humana siguiendo y realizando el verdadero amor.

El verdadero amor nace junto a Dios de su perefección y hermosura; de Dios nos viene el amar y poder amar."Para que sintiésemos el amor con que amamos, hemos sido amados, cuando aún no teníamos amor"(24).

En esa fuente que es Dios nace el verdadero amor y hacia El nos orienta: "Mira dentro de tí mismo; mira de dónde viene el amor que tienes al prójimo y verás en cuanto cabe"(25).

S. Agustín recoje el pensamiento platónico pero con importantes alteraciones. En Platón el punto de partida son las cosas; S. Agustín se apoya todo en el alma como realidad íntima, en lo que llama el hombre interior.

S. Agustín halló en Platón el armazón teórico para la ascensión dialéctica de la creación a la contemplación. (26).

Dios es quien posee en su plenitd el Ser, la Verdad y el Bien y por esto mismo es fuente de toda perfección creada (participada). El que una perfección sea participada nos permite pensar y llegar al origen de la fuente de esa perfección. "Quoque enim te verteris, vestigiis quibusdam quae operibus suis impresis, loquitur tibi (Deus)"(27).

Ese vestigio –centellicas de la divina hermosura– nos indica y orienta en el itinerario de la mente hacia Dios,

(recuérdese toda la filosofía de S. Buenaventura en su "Itinerarium mentis ad Deum"),

La belleza observada en las criaturas despierta el amor, se hace amar. Este amor es el verdadero motor de la ascensión. "Currite ad fontes. Eia fratres, aviditatem meam capite, desiderium meum hoc communicate: simul amemus, simul in hac siti exardescamus, simul ad fontem intelligendi curramus" (28).

Impulsada por el amor comienza el impulso dialéctico sobre un razonamiento inqueritivo. Solo por él se despega el hombre de la creación. Es la "intention"- búsqueda-, que en el hombre se confunde con el amor, y en las criaturas es "interrogatio". "Interrogatio mea intentio mea, et responsio eorum, species eorum"(29).

Se da primero un proceso de interiorización ("Noli foras ire, in te redi, in interiore hominis habitat veritas" (30) y un proceso de reflexión profunda sobre sí mismo. Por el pecado el hombre se ha vaciado de Dios (del amor Dei) y se ha llenado de sí mismo (amor sui) Tiene que vaciarse de sí, del amor desordenado a sí mismo para poder ver en su interior las aspiraciones auténticas de su conciencia, el anhelo de eternidad, un recuerdo de Dios.. Para llegar a eso tiene el recurso ascético. La ascesis la ayuda a mantener el equilibrio de las pasiones, a amortiguar el amor sui para poder rastrear con serenidad los vestigios de la creación.

Para más detalles sobre la ascensión dialéctica véase el P. José Rubio en Revista Agustiniana de España.n.10 (1962) p.169-206. "Por la creación a la contemplación".

EDAD MEDIA

El pensamiento medieval, gracias a S. Agustín, no olvidó del todo el pensamiento griego y particularmente el platónico y neoplatónico cuando reflexionó sobre el amor; pero insistió en el pensamiento místico o sea sobre el amor celestial y divino olvidando el concepto de belleza, o interpretándolo de un modo moral y espiritual. Se separa y se olvida el amor mundano para hablar sólo del místico. La vena neoplatónica–siguiendo la orientación de la patrística- puede detentarse en unas cuantas figuras de primer orden como: Eriúgena, S. Anselmo, S. Bernardo, los victorinos, S. Buenaventura...

El amor mundano queda confinado en la literatura lírico-amorosa o goliardesca, que en el siglo XVI es incorporado de nuevo en la "alta literatura a lo divino", al cruzarse con el concepto del amor divino.

La poesía lírica amorosa se mueve en un campo erótico y venal. La separación entre el "eros"-amor carnal sensual, humano, generalmente condenado por los moralistas y teólogos– y el "ágape" o charitas - que afloran y concretan las exposiciones patrísticas, espiritual, altruista, bendecido por Dios- cunde a través del Medioevo, aunque en realidad lingüísticamente sea una sola palabra la que enseña el doble concepto.

Wardropper acepta sobre esto la opinión de Ocete que considera el platonismo renacentista como solución de los dos mundos del amor.(31).

En la medida en que se va olvidando a Dios, se implanta el culto a la naturaleza y a lo antiguo.

"El camino del Platonismo- dice Ocete- que llevó a España desde la admiración por la belleza concretada en una criatura a la devoción por la belleza espiritual del alma, y de aquí a la aspiración, a la divinidad, origen de todas ellas, vino a resolver la oposición medieval entre amor divino y amor humano, y a hacer posible que las mismas expresiones cantasen a la amada y a la hermosura infinita del Creador, sin modo de sacrilegio"(32).

Pero añade la salvedad de que esa oposición de los dos amores no era absoluta. Recuerda a Alfonso X el Sabio en sus cantigas y a R. Lull.

El amor profano interesó al arte y a la poesía en la Edad Media. De los cantos goliardescos a los romances y fábulas francesas; de las canciones provenzales al "Roman de la Rose"; de las batallas de los memoriales boloñeses al Novelino no son pocos quienes se inspiran en el amor.

Se desarrolla principalmente en la lírica italiana, tosca y sensual aún en la poesía siciliana, de origen y carácter popular; aún cortés-de vasallaje- en lo provenzal; más realista y menos convencional en la sardotoscana y en Guittone d´Arezzo, mística simbólica, ya, en los stilnovistas(33).

Un capítulo aparte ocuparían, en este recuento de la historia del amor platónico, las teorías del sufismo que florecieron entre los siglos XI al XIII pra desaparecer hasta los teorizantes judíos del siglo XVI. Pero nos remitimos a los estudios de Asín Palacios. (34).

RENACIMIENTO

Hablar de Renacimiento vale tanto como hablar de época de renovación de los ideales de la antigüedad. Es una época dedicada al cultivo y al estudio de las ideas y de las formas de los tiempos clásicos tanto griegos como latinos. Se busca el estudio directo de las fuentes mediante un espíritu crítico y científico que intenta llegar a la fijación del texto.

Esta renovación resurrección de lo antiguo no supone que se haya olvidado totalmente, pero sí, en muchos casos, mal interpretado.

"En España- dice Menéndez y Pelayo- nada había muerto del todo".

En las entrañas de la Edad Media palpitaba así lo malo como lo bueno de la civilización antigua. Prueba de ello son las frecuentes imitaciones que hay de Tulio, de Horacio, las fundaciones de Estados Generales, Universidades y toda la obra de Alfonso X. Esta vena humanística puede seguirse en los reinados de Juan II y de los Reyes Católicos. (1).

Este estudio directo de las fuentes alcanzó principalmente a la filología y filosofía.

Platonismo y peripatetismo son los dos sistemas que se discuten el campo de la teoría.

Gemiston Pleton, Bessarion, Jorge de Trebisonda y el español Fernando Cordobés asisten a la fundación de la Academia Platónica en Florencia.

Con la vuelta de la filosofía de Platón, aparecen en el campo filosófico las doctrinas del amor expuestas en el Fedro y en el Simposium.

En Italia, donde el Renacimiento madruga, ya se había manifestado el platonismo en la concepción petrarquista del amor en pleno siglo XIV.

Los poetas anteriores al stilnovismo concebían el amor como un sentimiento natural y humano o a lo sumo como algo refinadamente cortés y gentil; mientras que los poetas stilnovistas lo expresaban como un sentimiento sobrehumano y estático que cautiva el alma con todas sus fuerzas aún las más secretas y poderosas.

De Guinozelli a Cavalcanti y a Dante se da toda una ascensión hasta el campo del idealismo y de la sublimación del amor humano. Dante en "La vida nueva" nos hace asistir a ese maravilloso proceso. Del paroxismo del amor sensual se pasa al éxtasis del amor espiritual, aún al del amor transcedente o sea, a la contemplación del divino misterio. Beatriz llega a ser amada como símbolo, después de ser alegorizada en una idea filosófico -teológica.

En el "Convivio", el amor se identifica con el entusiasmo místico por la sabiduría, o sea, por la filosofía; y , como en la "Divina Comedia", se identifica con el amor universal y divino, como Dios mismo.

El dios del Dante es el amor, primero en la admiración, angustia, y en el ardor imaginativo de la juventud, después llega a convertirse en un misticismo filosófico.

El amor no se muestra sino al corazón gentil, por eso los amantes son llamados gentiles, la gentileza no nace de la nobleza, ni de la riqueza sino de la virtud. Y las virtudes son hermanas de amor y apartan el fulgor del dardo o centella hasta que sean honrados en la tierra. El objeto del amor es la belleza, no la belleza exterior "il bello di fuori" sino "il dolce pomo" concedido sólo a los que aman la virtud.

Para satisfacer el amor basta el ver, la contemplación: ver es amor, amor es "intendere".

E chi la vede e non se n ínnamora
d´amor non averá mai inteletto

"Como amador de Beatriz (figura en parte real y en parte simbólica) Dante abre la serie de los platónicos eróticos del Renacimiento, con la diferencia (bastante para separar dos épocas) de que estos últimos jamás pensaron en convertir a sus damas en emblemas de la ciencia teológica, sino en reflejos de la belleza absoluta, cuyo concepto habían aprendido en los libros de León Hebreo, Bembo y Castiglione".(2).

Con Petrarca vuelve el amor a la tierra, con sus tormentos, abrojos y glorias, carne y espíritu.

Laura aparece primeramente-con las Rimas- como una criatura admirable por la belleza, capaz de ser espiritualizada, idealizada y trashumada, siendo aún donna deseable, llena de encanto y de tentación. El amor humano en Petrarca, y lo que sobre él escribe, brota del surtidor íntimo de su personalidad; hombre sinceramente piadoso y aún de tendencias ascéticas y de costumbres bastante morigeradas para sus tiempos, cualquiera que fuese el tributo que pagó, y no poético meramente, a las flaquezas de la carne. Pero las indignas rivales de Laura no ocupan el más mínimo lugar en sus versos, que, jamás profanadas, reflejan la llama misteriosa o inextinguible de aquella pasión única, muy humana, sin duda mezclada de afectos gentiles y tiernos, de éxtasis intelectual de vaga tristeza y de un deseo antes ahogado que nacido pero pronto a renacer .. siempre.. Su amor-pasión le hace fluctuar entre la esperanza , la duda, el temor y el remordimiento, le persigue en las locas visiones del sueño, le arrastra a la soledad y le hace huir de ella aterrado de sí mismo.(3). Existe contraste entre Laura-ángel y Laura-Donna (1337-1342), entre la pasión y la virtud, entre la elevación y la fuerza irresistible de los sentidos, entre la fé y el amor.

Según Menéndez y Pelayo, no fue Petrarca tan acertado en lo que tiene de herencia en las escuelas medievales (afectación retórica, antítesis fría, conceptos alambicados, juegos de palabra) como lo es sublime en lo que saca de la colmena interior de su sentimiento, que "es lo vivo y perenne en sus rimas"..(4)

En una segunda etapa aparece, no como presente realidad, sino más bien como recuerdo, una evocación o algo nostálgico y obsesionante casi paradisíaco, a pesar de estar ensombrecido por el sentimiento de la muerte (1342-1345). "Hermanos son en Petrarca el Amor y la Muerte, pero aún la muerte es en sus versos apacible y consoladora porque abre las puertas de la eterna beatitud y realza y transfigura a la persona amada que sin perder su carácter humno, sin transformarse en símbolo teológico como la Beatriz de Dante aparece más bella y amable, que cuando la contemplaron vestida de carne mortal".

En tercer lugar Laura es el ser que no muere nunca porque se identifica con la virtud. El poeta siente a Laura presente, viva, ejemplar de toda perfección, que es la contemplación de la belleza terrena que eleva al alma a la contemplación de las cosas celestes: es una escala hacia el Hacedor; sus ojos muestran el camino que lleva al cielo; de ellos viene la virtud y la santidad. Este concepto platónico es lugar común usado por el poeta de diversos modos.

Petrarca llega a ser a los ojos de la posteridad el poeta del amor y la Hermosura. Defectos de su carácter- cierta vanidad enfermiza- le llevaron a escudriñar su fondo anímico que quedó revelado en su obra, iniciando al mundo en un nuevo género poético, en un nuevo modo de sentir. A ello le lleva su melancolía romántica templada por su fe cristiana y su amor a la naturaleza, a la vida, a la poesía y a la ciencia.

Laura no puede ser poética mas que como bella. Pero la belleza era aún concebida según el tipo preestablecido. En el espiritualismo cristiano y platónio un bello cuerpo es un velo, la sombra, destello del alma (lo mismo dice Dante en el "Convivio"). Petrarca sigue esta doctrina fidelísimamente. Laura era la más bella en el medioevo, no tenía más rival que a Beatriz.

Estas teeorías -platonismo, petrarquismo y en España las de poesías de Ausias March- llegan a informar todo el Renacimiento y gran parte de la mística de nuestro siglo de oro.

El platonismo llega con el espíritu de época. A Platón se llega a través del Neoplatonismo- entendiendo bajo este nombre la doctrina elaborada por Plotino, Filón, Jámblico y Proclo.

Tanto platonismo como neoplatonismo cunden en la Edad Media principalmente a través del pensamiento agustiniano y del Pseudo- Dionisio.

FICINO

Introducido en el Renacimiento el pensamiento platónico por G. Pleton (1433) y por Argirópulo, se afirmó por Marsilio Ficino (1433-1499),

Escribió el "Convite" en latín y lo tradujo él mismo al vulgar, exponiéndolo oralmente hacia 1475 a sus amigos reunidos en la "Academia" en la villa de Gareggi.

Sigue el orden platónico dialogando con los cinco interlocutores:

1. Discurso de Fedro: expuesto por Giovanni Cavalcanti.

2. Discurso de Pausania: comentario de Antonio Teólogo, que identifica a Dios con la Belleza.

> La Belleza es el rayo divino, "infuso in que´quattro cerchi che intorno a Dio se rivolgono . Questo raggio dipinge in questi quatro cerchi tutte le spazie di tutte le cose e noi chiamiamo quelle spezie, nella mente angelica, idee; nell ánima, raggioni, nella natura, semi; e nella materia, forme".
>
> Los cuatro círculos son el esplendor de Dios (mente angélica), el esplendor de la razón (anima, razón); el esplendor de la semilla (arquetipos, Naturaleza), y el esplendor de las formas (materia).
>
> El amor no llega por los ojos, ni por el tacto, por que no se desea lo corpóreo, sino el esplendor supremo.

3. Comentario a Erisímaco.

> El amor está sobre todo. Cita al Areopagita. Es autor y conservador de todo, maestro y artífice.

4. Cristóforo Landino interpreta a su modo el mito del andrógino en el discurso de Aristófanes: "Gli

uomini anticamente....sono interi" Y bajo el influjo de una interpretación cristiana piensa que el alma dotada de luz sobrenatural, tiende a la felicidad, o a la posesión de Dios mediante el ejercicio de las cuatro virtudes cardinales, y sobre todo por el amor."Quello che ci rimena in celo non é la cognizione di Dio, má é l´amore". (35).

5. Sigue Marsupini quien al exponer el discurso de Agatón explica cómo la Belleza no consiste sólo en la proporción de las partes y en la suavidad de colorido, sino en el resplandor de Dios, y cómo el amor universal , siendo de la Suma Belleza (excepto de Dios) es por consiguiente eminentemente espiritual.

6. Tomás Benci- que desarrolla el discurso de Sócrates- concede que el amor es "daimon", es decir, intermediario entre el espíritu celeste y el terreno, entre la belleza y la felicidad; que hay tres clases de amor y tres clases de hermosura (Venere); que el amor es pobre y rico (mito); mortal e inmortal; que es deseo de engendrar en la belleza para alcanzar la inmortalidad; pero añade algo importante para una época de cultura cristiana: "Ma noi, virtuosisimi amici, non solamente senza modo ameremo Dio, como abbiamo finto che Diótima dica: ma solo iddio ameremo.Quello rispetto ha la mente a Dio, che ha l´occhio al lume del sole. L´occhio non solamente cerca i lume sopra le altre cose; ma eziandio cerca il lume solo: se é chi piaceranno i corpi, gli animi, gli angeli, non ameremo questo propii: ma Dio in questi: ne corpi ameremo l´ombra de Dio: nelli animi la similitudine de Dio; nelli angelli la imagine de Dio. Cosí nel tempo presente ameremo Dio in tutte le cose; accioche finalmente amiamo tutte le cose in lui"(36).

Todo amor es reducible al amor divino, pues de El vienen todos los dones y no hay cosa a la cual no se pueda extender y que no pueda ser objeto de su amor.

"Per la quale cosa, questo divino Amore il quale a noi é si benigno e favorévolo, adoriamolo in tal modo, che noi veneriamo la Sapienza; e con ammirazione temiamo la potenzia: acció che mediante le amore, abbiamo tutta la divinitá propizia: e amándola tutta con effetto di amore tutta ancora con amore perpetuo la godiamo".

DIFERENCIAS ENTRE FICINO, PLATÓN Y PLOTINO

1.- Para Ficino el amor representa el grado supremo de la espiritualidad, mientras que para Platón este grado supremo se halla en la contemplación especulativa.
2.- Para Ficino el amor es ardor y voluntarismo en declive místico hacia Dios; para Platón es búsqueda de luz, deseo de comprender; no deja de ser una forma de intelección.

De donde se deduce que el mérito de Ficino se halla en la exigencia íntima y fuerte que existió de entender la inmanencia del amor como nadie lo había hecho hasta entonces. De modo que la diferencia entre Ficino y los filósofos anteriores está en la intuición arrolladora del amor como desahogo absoluto e infinito de la voluntad. Es decir, que el motivo central de su teoría es el concepto de la deificación del hombre y la primera afirmación del inmanentismo moderno.

No repetía a Platón, ni cristianizaba platonizando. Mas a pesar de todo, estaba lejos de negar lo transcendente o de poner al hombre en el puesto de Dios. Su voluntarismo tiene un carácter cristiano y su anegamiento en Dios no puede confundirse con el inmanantismo. El concepto de la universalidad del amor está subordinado al de Dios y por lo demás aparece solamente en la penumbra.

En la corte de los Médicis halla gran aceptación el Platonismo(1500–1550). La renovación filosófica comenzada por Platón y Besarion es continuada por Ficino y llega a ejercer gran influjo en la literatura posterior.

La segunda mitad del siglo XV es de pleno auge, en las reuniones y sublimes diversiones en que tomaban parte los Cavalcanti, Plozianos, Ascolti y Pico de la Mirándola.. (37)

Para Ficino como para sus discípulos el platonismo es el resumen de la sabiduría humana, la llave del cristianismo, el único medio eficaz.

CASTGLIONE

Desde 1528 "el Cortesano" era leído en italiano. Y desde 1534, en la traducción de Boscán. En él se funde la sabiduría pagana con la cristiana para sacar reglas de caballerosidad.

Explica a damas y caballeros de la corte de Urbino qué es amor, y en qué consiste la felicidad. Según los sabios es ansia de gozar la belleza. "La hermosura humana brota de la divina, la cual se derrama con brillo maravilloso sobre las cosas creadas y penetrando por los ojos, se imprime en el alma de quien mira y la transforma toda y la hincha de deleite nunca sentido, encendiendo el deseo. No puede ser substituído por el placer carnal (unión corporal); error de juventrud. En la edad madura el alma ¨ no está tan cargada del cuerpo y se sustituye el amor sensual por el espiritual, por que es imposible gozar la hermosura con el sentido del tacto; y con los ojos y con los oídos dejan penetrar en el alma el encanto amoroso de la otra hermosura. Estos dos sentidos que tienen poco de lo corporal y son ministros de la razón, dan a su alma un maravilloso aliento que no despierta en el cuerpo, con el deseo ningún apetito deshonesto"(38)

Castiglioni comienza por exponer la teoría platónica, pero luego limita el sistema como posible sólo en una época de madurez, Y el homosexualismo pagano lo trueca por un amor cristiano-entre hombre y mujer.. . El pequeño eros -meta de todo deseo de belleza pura y asexual en lo platónico- lo lleva al moderno concepto de atracción sexual.. Sigue de nuevo haciendo que su héroe se eleve por la visión de la hermosura al amor de la de Dios. (39)

LEON HEBREO

Su obra completa la de Bembo. Los diálogos se publican el 1535; Pasan al español en tres traduciones: 1564(8), 1582 y 1590. (40).

"La teoría es, en unión de la mística con la filosofía natural, una especie de sistema completo, una tentativa de animar y poner en función la idea medieval del mundo fisico mediante la idea del amor. Una sola fuerza primitiva, el amor, penetra todos los seres y enlazan entre sí y con Dios todas las cosas creadas. Así se origina el círculo de amor desde lo más bajo a lo más alto y viceversa".(41).

Desarrolla el tema en tres diálogos. Trata en el primero de la Naturalea y esencia del amor; en el segundo de la universalidad del amor y en el tercero de su origen:

El entendimiento divino representa las más alta y perfecta hermosura; el alma es intermedio entre Dios y la materia; reflejo suyo se inflama en amor y busca su felicidad en la perpetua unión con aquel. Tan completa puede ser esta absorción del alma que llegue a abandonar el cuerpo.

La belleza es de naturaleza espiritual, no corporal. No es proporción de partes. La graduación y matices depende de la partición que en las cosas tiene la idea.

El amor y la hermosura tiene en Dios su última causa. Hemos de amar a las cosas para elevarnos: (el Cantar de los cantares es la expresión del amor de Dios a la Belleza).

"Quienquiera conoce lo hermoso, pero pocos conocen la causa por la cual todos los objetos hermosos son hermosos". La definición más verdadera y universal parece ser esta: "La hermosura es gracia que deleitando al ánimo lo mueve a amar" y la cosa buena o la persona en la que no se halle esta gracia, no es hermosa ni fea: no es hermosa poque no tiene esta gracia y no es fea por que no le falta bondad..

Esta gracia que deleita el ánimo y mueve al amor no se halla en los objetos del gusto, del olfato o del tacto, sino solamente en los de la vista y el oído, que León Hebreo llama sentidos espirituales. "Reside, pues, en las bellas formas y figuras, hermosas pinturas y linda orden de las partes entre sí, y proporcionados instrumentos y lindos colores y hermoso cielo; y también en los objetos del oído: como hermosa oración, linda música, linda voz, linda habla, hermoso canto, bella consonancia, linda proporción y armonía y de ningún modo en los manjares y en las bebidas, ni en el templado y dulcísimo acto venéreo" (42).

II. TEORÍA DEL AMOR EN MALÓN DE CHAIDE

a). Teoría Estética: Fuentes.

Malón de Chaide se manifiesta profundamente platónico, pero a través de Plotino y S. Agustín, no en la teoría de las ideas, pues en este punto no olvidó nunca sus reminiscencias escolásticas, sino en las teorías del Bien, de la Belleza y del amor. En la exposición del tema de la belleza no solo no superó al fundador de la Academia, sino no hizo mas que traducir a Marsilio Ficino. (43).
"Yo seguiré en lo que dijere a los que mejor han hablado que son, Hermes Tremigisto, Orfeo, Platón y el gran Dionisio Areopagita y alguno de los antiguos filósofos". Si comparamos estas palabras con las de Ficino cuando nos presenta el tema, veremos que son exactamente su traducción.

Veamos el paralelo...

b). Paralelo entre Malón de Chaide y Ficino

M. De Chaide   M. Ficino

Yo seguiré en lo que dijere, a los que mejor hablaron de esta materia, que son, Hermes Trimegisto, Orfeo, Platón, Plotino y el gran Dionisio Areopagita, y algunos de los antiguos filósofos..

(Mezclando lo que hay en la Sagrada Escritura).(p 82)

Tres cosas son las que hacen una cosa digna de ser estimada en mucho, y las que se miran para alabarla. Estas son la nobleza y antigüedad, la grandeza y el provecho que trae con consigo. De suerte que si del amor probáremos nosotros estas tres cosas, habremos salido con harta parte de nuestro desinio. (p.84)

Tre Parti in ogni cosa considera qualumque Platónico filósofo: Di che natura son quelle cose, che le vanno inanzi. Di che quelle che la accompagnono et cosí quelle, che seguitano dipoi. Et se queste parti essere buono appruova, essa cosa loda: et cosí per el contrario. Quelle adunche é laude perfetta, la quale l´antica origine de la cosa racconta: narra la forma preferente: et dimostra li frutti futuri. Da le prime parti ciascuna cosa si loda di nobilitá: Da le seconde di grandeza: Da le terze di utilitá. Ficino p.7

Hesíodo, Mercurio, Orfeo y Acusileo llaman al amor ¨antiquísimo, perfecto por sí mismo, prudentísimo y de gran consejo¨. Platón en el libro que llaman Timeo, donde trata de las cosas naturales, pinta el caos , que para mejor entenderlo llaman "caos un mundo informe", esto es "una masa sin particular detalle" (P.84)

Orfeo nella Argonautica imitando la Teologia de Mercurio Trimegisto, quando cantó di principio delle cose a la presencia di Chirone, e degli Eroi , ci é nómini Angelici, posse il caos inanci al Mondo, et dinanzi a Saturno, Giove, et gli altri Dii. Nel seno di esse caos colloció l´amore dicendo Amore essere Antichíssimo. Per se medessimo perfetto di gran consiglio. Essiodo nella teologia,et Parmenide Pitagórico nel libro della natura et Acusileo, poeta, con Orfeo et Mercurio si accordano. Platone nel Timeo similmente descrive il caos, et in quello pone lo Amore et questo medesimo nel Convito reconta Fedro. I Platonici chiamano il caos, il Mondo senza forme, et dicono il Mondo essere di forme dipinto. Tre mondi pongono: Tre ancora saranno i Caos: prima che tutte le cose é iddio. (Ficino, p.9-10)

(Digamos esto algo más claro): Dios al principio, crió una sustancia o esencia, la cual, en el primer momento de su creación era informe y escura, como

habemos dicho Esta, por haber nacido de Dios, se convierte a El con un apetito nacido con ella misma. Vuelve a Dios, es ilustrada con "su rayo y resplandor divino". Alumbrada así, se enciende con la refulgencia y reverberación de aquel rayo. Encendido el apetito se ayunda todo a Dios; y ayuntado se informa. Por que Dios todo lo puede, parece que pinta en sí las ideas o ejemplares de todas las cosas, y vemos allá por un modo espiritual están entalladas las perfecciones que vemos en las cosas corpóreas; y estas especies de todas las cosas concebidas en la Suprema Mente, llama Platón Ideas, (pero algunos de los platónicos declaran su maestro de esta manera):

in principio iddio crea la sustanzia de la mente Angélica, la quale noi ancora essenzia nominiamo. Questa nel primo momento della creazione é senza forme et

tenebrosa: ma perche ella é nata di Dio per un certo appetito innato, a Dio suo principio si....velge: voltándosi a Dio dal suo raggio é illustrata, et per lo splendore di quel raggio si accende l´appetito suo. Acceso tutto a Dio s´accosta: accostandosi, pigli le forme; imperoche iddio, che tutto puó, nella Mente, che a lui si accosta, solpisce le nature di tutte le cose, che si creano. In quelle adunque spiritualmente si dipongo tutte le spere di cieli et delli elementi; qui pietre, de metalli, delle piante, et delle animali si anito in quella superna Mente concepute, essere le idee non dubbitano (Ficino p.10-11)

Que fingen allá una mente o entendimiento que es supremo; y esta mente la ponen allegada y unida a Dios, y que en ella, por un modo epiritual, pintó todas las perfecciones de las cosas que después creó.

Tre mondi pongono:Tre ancora saranno i Caos: Prima che tutte le cose é iddio autore di tutto, il quale noi esse Bono chiamamo. Iddio primo crea la Mente Angélica: Dipoi l´ánima del Mondo, como vuole

Platone: Últimamente il corpo dello Universo. Esso sommo iddio non se chiama Mondo, perche, il Mondo significa ornamento di molte cose composto: e egli al tutto simplice intendere si debe. Ma esso iddio affirmiamo essere di tutti i Mondi principio et fine. La Mente Angelica é il primo Mondo fatto da Dio: il secondo é   l´ánima del Universo: il terzo é tutto questo   Edifizio che noi veggiamo. (Ficino p10)

(De suerte que primero fue universo con Dios, que al formar Dios en ella las ideas: y antes que el universo fue el incendio del apetito y la infusión del rayo divino; y a esta le precedió aquella primera conversión y vuelta del apetito), y a este precedió la esencia informe e imperfecta de aquella mente que llaman; y esta esencia, aún no formada ni perfecta, llaman Caos. La primera conversión suya en Dios, llaman "nacimiento del amor"; la segunda, la infusión del rayo divino que alumbra, llaman

"mantenimiento y cebo del amor"; el ardor e incendio que luego se sigue, le llaman "aumento del amor"; la aproximación y junta, llaman el ímpetu del amor; y la formación, llaman perfección; y todas las ideas juntas y las formas de las cosas llaman ellos mundo, que quiere decir ornamento y compostura

Per la cual cosa, tutti gli Dei asegnati a certi parti del Mondo inferiore, sono le idee de queste parti in quella Mente suprema adunate Ma inanzi che la Mente Angélica da Dio perfettamente ricevesse le idee, a lui se accosto: et prima che a lui se accostasse, eragia di accostarsi acceso le appetito suo: et prima che il suo appetito si accendesse, aveva il divino ragio ricevuto. (p.11 y 12). Et inanzi che a lui vivolgesse, era la sua essenzia senza forme et tenebrosa, la quale essenzia per ancora di forma privata vogliono, che Caos certamente sia: é il suo primo voltamento a Dio é il nascemento d´amore: lo incendio che ne seguita, crescimento di amore si chiama. Lo accostarsi a Dio é lo impeto de amore la sua formazione e perfezione d´amore et lo ornamento di tutte le forme et idee i latini chiamamo Mondo et i greci Cosmos, che ornamento significa. (Ficino p.12)

La gracia de este ornamento y compostura se llama hermosura; a la cual el amor luego, en naciendo, atrajo la Mente Informe, esto es no formada, imperfecta para que se hermosease y perfeccionase. Y de aquí nace la condición del amor, que arrebata y lleva a la hermosura y ayunta lo feo con lo hermoso

La gracia di questo Mondo et di queste ornamento é la Belleza, a la quale subitamente che quello amore fu nato, tiró et condusse la Mente Angelica, la quale essendo brutta, per suo mezo belle divenne.Pero tale é la condizione di amore che egli rapisce le use a la Belleza, et le brute a la belle aggiugne (p.87) (Ficino p.12)

Pues en aquel Caos que dice la Sagrada Esritura,, anduvo el amor como gran artífice, formando y

Meritamente aduche fu costui de Orfeo antichísimo chiamato:oltre a questo per medesimo perffetto,

hermoseando lo que allí estaba sin talle ni hermosura. Dijo más; que era perfecto per sí mismo, esto es, que se perfecciona siempre.

quasi che é voglia dire, che se medesimo dice perfecione. (p. 89) (Ficino, p.13)

Réstanos ahora de probar el provecho del amor, y estas tres cosas que son: la antigüedad y nobleza, la grandeza y utilidad del amor. Tratámoslas así en suma, porque adelante diremos más extendidas de ellas. Todos los provechos que el amor nos trae, aunque son muchos, se resumen en que evitando y huyendo los males, sigamos los bienes. Tomamos aquí malo por torpe y feo por honesto.

Abbiamo insino ad ora de la sua origine et nobilitá parlato. De la sua utilitá stimo giá sia da disputare. Et certamente supefluo sarebbe narrare tutti i benefizii che lo amore arreca a la umana generazione: massime potendo in somma tutti ridurgli, Perche l'offizio della vita umana consiste in questo che ci scostiamo da'l male, et accostiamoci al bono. Il male dello uomo é quello che é innonesto: et quello che il suo bono, é lo onesto. Senza dubbio tutte le leggi et discipline non d'altro si sforzano che dare a gli uomini tale instituti de vita che da le cose brutte si guardino et le onesto mandino ad esecuzione. (Ficino, p.15)

Pues esta es cosa maravillaso del amor, que lo que las leyes y pragmáticas y fueros y aranceles, y tantos volúmenes de derechos, que son innumerables, jamás han podido acabar, lo acaba el amor en brevísimo momento de tiempo; por que la vergüenza nos abstiene y retrae de las cosas torpes y el deseo de la excelencia nos provoca el estudio de las cosas honestas.

La qual cosa finalmente appena con grande spazio di tempo, legi, et scienzie quasi innumerabili, possono conseguire: et esso semplice Amore in breve mette ad effetto. Perché la vergogna, da le cose brutte rimuove: e il desiderio dello essere eccellente, a le oneste gli uomini tire. (p.95) (Ficino p.15)

Descubramos ahora algo más lo que encierra el amor y pongamos primero la definición que le dan. Dicen los filósofos morales, que es un deseo de hermosura; que por esto arriba dijimos que estaba en el deseo. Hermosura llamamos una gracia que consiste y nace de la consonancia y armonía de muchas cosas juntas.

E quando noi diciamo amore, intendete desiderio de Belleza, perche cosí apprese di tutti i filosofi é la difinizione di amore, et la Belleza é una certa grazia, la quale massimamente é il piú delle volte nasce da la correspondenzia de piú cose: La quale correspondenzia é di tre ragioni. (Ficino p.16)

Esta es en tres maneras, por que por la consonancia al proporción de las virtudes nace cierta gracia en el alma (p.96)

"Lo Bello afecta principalmente al sentido de la vista. Sin embargo el oído la percibe también, ya en la armonía de las palabras, ya en las diversas clases de músicas. Si nos elevamos del dominio de los sentidos a una región superior, encontraremos igualmente lo hermoso en las ocupaciones, en las acciones,en las costumbres, en las ciencias y lo propio en las virtudes.....¿Es la proporción de las partes relativamente unas a otras y relativamente al conjunto unida a la gracia de los colores, lo que constituye la Belleza cuando se dirige a la vista? En este caso, como en la belleza de los cuerpos consiste en la simetría y la justa proporción de sus partes, no es posible, encontrarla en nada sencillo, sólo puede observársela necesariamente en lo compuesto.   (Plotino, Enn.,I,lib.6,1)

Nace también otra gracia de la consonancia de los colores y líneas del cuerpo. La tercera es el sonido, por la proporción de diversas voces, y pues esta gracia llamamos   fermosura; síguese que son:

Il   perché   la   grazia, che é negli animi é per la correspondenzia   di   piú virtú; quella che é ne´corpi nasce per la concordia di piú colori e linee; e ancora grazia grandíssima ne suoni per la consonanzia di piú voci.

de los ánimos, de los cuerpos y las voces La de los ánimos se goza y conoce con el entendimiento; la de los cuerpos con lo ojos; la de los voces con el oído.

Luego al apetito que sigue a los demás sentidos llama Amor, sino lujuria y torpeza y furia desenfrenada.

Y más que lo que llamamos consonancia es un temple que hay en las virtudes, y en los colores y en las voces. Esto es lo mismo que templanza: luego el amor solo sigue las cosas que son honestas, templadas y hermosas y compuestas (p.98)

Adunque de tre raggioni é la belleza: ció Animi, de´corpi, et delle voci. Quella delle animo con la Mente sola si conosce; quella de´ corpi con gli occhi; quella de la voci con altro que con le orecchi si comprende. (p.97) (Ficino, p.Oraz. I,16)

Et lo appetito, che gli sensi seguita, non Amore ma piú tosto libidine o rabbia si chiama. (p. 98)

Oltre aquestro se lo amore in verso lo uomo desidera a essa belleza umana, et la belleza del corpo umano in una certa correspondenza consiste, et la correspondenza é certa temperanza, seguita che non altro appetisca modeste e onorevoli. (Ficino,p.16)
Vogliono Pitagorici filosofi, che il numero ternario fusse di tutte le cose missure. Stimo io per caggione che col numero di tre. Idodio Governa tutte le cose: et le cose ancora con esso ternario numero sono

terminate. Di qui é quel verso di Virgilio: Del numero non pari si diletta Dio.

El gran Padre del mundo, Dios, causa universal donde nacen todos los efectos, lo primero que hace es crear todas las cosas: lo segundo las Por esto llamamos Dios principio, medio y fin de todas las cosas. Principio en cuanto las produce y cría; medio, en cuanto atrae a sí las cosas criadas; fin, en cuanto perfecciona lo que a sí lleva. (p.101)

Certamente quel sommo autore prima crea tutte le cose:seconde a se rapisce: terzo da loro perfezione. Tutte le cose arrebata y tira para sí; lo tercero, perfeccionarlas. principalmente in mente che elle nascono, escono di quel sempiterno Fonte: Di poi in quel medisimo ritornano quendo la lor propia origene addimandano; ultimamente perfetto divengono, quando elle sone nel loro principio ritornate. Questo divinamente cantó Orfeo quando disse, Giove essere, principio, Mezo e Fine dell'Universo. Principio in quanto egli tutte le cose produce: Mezo, in quanto. poi che non produtte, a se le tira: Fine, in quanto le fá perfetto in mente che a lui ritornano. (Ficino,p. 22)

Dionisio, antes que él Platón,compara al sol con Dios, y dice que se parecen mucho; y es porque así como el sol alumbra los campos y los calienta, así Dios con su rayo divino da a los ánimos el resplandor y la luz de la verdad y el ardor y el calor de la caridad. Y así como el sol todo lo vivifica todo lo actúa y le da ser, todo lo ilustra; da luz a los ojos para que vean; colores a los cuerpos para que sean vistosos; Claridad al aire que es el medio, para que se forme el acto de ver:así Dios es el acto de todas las cosas y el que a todas ellas le da forma y vigor, y en cuanto a esto se dice Bueno: vivifícalas, riégalas, trátalas con ternura y las levanta; y en cuanto a esto se dice hermoso. En cuanto aplica y alumbra la potencia para que la conozca, se llama Verdad, y así, conforme a los diversos efectos, le damos diferentes nombres. (p. 106-107)

Di gran consiglio et raggionavelmente deriva ogni consilio, alla Angelica Mente é atributa: perche quella per Amore inverso Dio voltasi: per lo ineffabile suo raggio risplende. No altrimenti si adiriza la Mente in verso Dio, che inverso il lume del Sole l'occchio si faccia. L'occhio prima guarda: Dipoi, non altro che in lume del sole, é quel'che li vede: terzo nel lume del sole, i colori, et le figure delle cose comprende. Il perché lo occhio primamente oscuro et informe a similitudine di Caos ama il lume mentre che li guarda et guardando piglia i raggi del sole: et quelle ricivendo, de colori et delle figure delle cose s'informa. Et si quelle Mente subito che ella é senza forme nata, si volge a Dio, et quivi s'informa. similmente la Anima del Mondo inverso la Mente et iddio di quivi si rivolta. (Ficino,p.13-14)

"El valor de las páginas del autor sobre este punto está en la elección patética, en la elegancia y esplendidez de la exposición, en la agudeza y finura con que ahonda en el análisis de la concepción estética de la hermosura, de la bondad y del amor".(44).

A veces lo adorna con un hermoso comentario. Así con el ejemplo del ollero pinta lo que debe entenderse por Caos: "Platón en el libro que llama Timeo, donde trata de las cosas naturales, pinta el Caos, que para mejor entenderlo llaman caos a un mundo informe, esto es, una masa sin particular talle como la que hace el ollero, que allí está el plato, la escudilla, la olla, la cazuela, y lo demás que ha de hacer de la masa de barro".(45).

Sigue la traducción para otro hermoso comentario. (46)

La matización de los elementos neoplatónicos a través del pensamiento de S. Agustín se mantiene en el desarrollo de toda la obra.(47).

A S. Agustín acude en los problemas más intrincados. Con él da por supuesto el hecho de la creación ex nihilo conformando el ser de las cosas con la Idea divina (el Logos) e infundiéndoles a modo de ley el amor a lo perfecto, a lo ordenado que hace posible la existencia de esa armonía celeste, la música de las esferas. Es el Eros griego, el amor pondus, en las cosas materiales. (En la escolástica es la Ley eterna). Mientras que para el hombre caído el amor es el recuerdo de su antigua naturaleza de gracia, que lucha para librarse de la materia.

Para ello goza de unas dotes espirituales: libertad, gracia, uso de una ascética– catarsis- que le lanza hacia la fuente del sumo Bien. "Las elevadas cuestiones de la predestinación y de la gracia, del ejercicio de la libertad en función de la misma, del concurso divino y de la cooperación del hombre a la gracia, los acomete de fondo en la tercera parte cap.II, y siguientes" (48).

Rouselot señala el comentario de la afirmación del Evangelio (49): Para oir la palabra de Dios es preciso ser de Dios y sin embargo solo se es de Dios oyendo su palabra (50).

Igualmete expone a S. Agustín cuando dice que "Todos los hombres son deudores a Dios, no es injusto si hay acepción de personas" (parte III,18,35 (51).

La gracia es gratuita (sino no es gracia). Malón declara que se quiere tocar la cuestión ex profeso. Resume la doctrina agustiniana de la gracia, admite la necesidad, y pasa revista a sus caracteres cooperante, preveniente, gratuita, justificante, todopoderosa. (52).

La Magdalena se ha ayudado; ha conseguido el movimiento de la gracia, se ha esforzado.(53)

La conversión de la Magdalena contiene partes que conciernen directamente al misticismo: primero una larga discusión sobre un problema que, por su naturaleza, tócale de cerca, el del libre albedrío, y que, en particular, bajo los nombres de predestinación y de la gracia es inseparable de todo misticismo.

Saturado de la tradición de S. Pablo y de S. Agustín, no desconoce Chaide cuánta percepción requiere despejar las misteriosas dificultades de este problema (Magdalena no era la única pecadora). Para su solución nos recuerda el ejemplo del ollero y la arcilla. (54).

El alma es la forma del cuerpo, puesto que así se nombra lo que da forma a una cosa (55). Tiende a formar su cuerpo, luego no es perfectamente feliz hasta después del juicio final.

Aquí se aparta de Platón (56).

c). Fuentes. clásicas

La literatura clásica llega a él con su concepto del amor-activo- cabalgando sobre el Caos, ordenándolo e informándo todo el mundo hasta lograr de él un mundo ordenado, un cosmos.

Recuerda los cantos órficos:

> "Tuam virtutem cano....
> Antiqui quidem primum Chaos Magnam, necessitatem
> et Saturnum, qui seminat immensis viribus aethera, et biformem conspicuum venerandum amorem"
>
> (p.(57)

El mismo concepto describe Hesíodo. El abismo origina la noche y las tinieblas. La tierra origina el cielo estrellado, y las montañas pobladas de ninfas y diosas. Pero en medio de todo esto, como gobernándolo y ordenándolo, está el Amor. (57)

Insisto en este concepto con un texto de Ovidio de las Metamorfosis:

> Ante mare et tellus, et quid tegit omnis, coelum,
> unus erat toto Naturae vultus in orbe,
> quem dixere Chaos; rudis indigestaque moles,
> ....
> ....quia corpore in uno
> frigida pugnabat calidis, humentia siccis,
> mollia cum duris, sine pondere habentia pondus.

En otros textos críticos se lee:

> Ante mare et terras......

Es curioso el modo de aplicar el texto de Ovidio. Dice así:

¨Aludió aquí Ovidio, porque habiendo leído el Génesis, vió que Moisés tratando de la creación, dice Terra erat inanis et vacua, et tenebrae erant super faciem abyssi¨.
Aún cita más textos de Ovidio:

> Poenitet, oh (si quid miserorum creditur ulli)
> Poenitet, et facto torqueor ipse meo
> cumque sit exilium; magis est mihi poenas dolori:
> estque pati poenas, quam meruisse minus.
> (De Ponto..)
> Et lacrymae prossunt; lacrymis adamanta monebis saepe per flecti principiis ira potest.

Cita y pone en verso la fábula de Icaro de su Ars amandi. Otros dos grandes poetas llenan el caudal de su conocimiento clásico: Juvenal y Virgilio:

> Evassise putas, quos diri conscia facit
> Mens habet attonitos, et surdo verbere caedit?
> (Juvenal)

> a). Omnia vicit amor et nos cedamus amore
> (Virgilio, Bucólicas,X ,.64)
> b). Spiritus intus alit, totamque infusa per artus
> Mens agitat molem, et magno suo corpore miscet.
> Virgilio, Eneida,Vi,36)

Terminando este concepto pagano nos dirá: Dios es principio y fin. Para alcanzar este fin Dios dió el cargo al amor, el cual, como gran artífice, poniendo las manos en la obra y mirando a las criaturas............

> c). Quo nunc Turnus ovat spoliis,gaudetque potitus

Nescia meus hominum fati, sortisque futurae.

Nec servare modum rebus sublata secundis.

Turno tempus erit, magno cum optaverit emptum
Intactum Pallata
>(Virgilio. Eneida,X,526)

Y en otro lugar:
>Sciebat uberem esse hospitu mercedem
>(I, p.87 y en Ed Aguilar, 104)
>Sciebat uberem esse hospitii mercedem
>(I, p.87, Ed Aguilar)

d). F u e n t e s B í b l i c a s

Las fuentes bíblicas puden verse registradas, por orden, en la edición de Aguilar:el Génesis, el Exodo, Números, Deuteronomios, Josué, Jueces, el Libro de los Reyes, Paralipómenos, Judit, Ester, Job, los Salmos, los Proverbios y el Eclesiastés.

El Cantar de los Cantares, el Libro de la Sabiduría, el Eclesiástico, los Libros proféticos y los evangelios. Como se ve es la principal fuente de su inspiración.

A la explicación del tema, siempre sacada del filón bíblico, allega textos y comentarios de la literatura profana, tanto clásica como romance.

Debido a esto algunos pasajes toman un sentido mitológico con el fin de explicar el origen de alguna costumbre o tradición.

Así se preocupa por el inventor de los ídolos.

Nos refiere el origen del vestido, de raigambre bíblica.

Igual origen da al sentido del pudor.

Y otros temas tan interesantes como : el origen del arco
iris, origen de los astros.
(p.58).
Vease el Libro de la sabiduría cap.15, 1-8).

III. DESARROLLO
DE LA TEORÍA DEL AMOR :

ETIMOLOGÍA

El amor ha tenido a través de los tiempos diversos vocablos que matizan su concepto. Se ha hablado de : Eros, charitas, dilectio, y de sus opuestos: libido, concupiscencia.

Herrera buscando una explicación etimológica para el nombre de ἔρως en Platón y Plotino dice: "Platón y Fortunato dicen que el amor se apellida ἔρως de la inquisición y busca que hace de los que se ama" por que ἔρων vale por ζητῶν que es inquirir. Más Plotino deduzió su nombre del apetito y visión de esta suerte: ἔρως se dice como ὁρᾶν, porque el ver engendra afecto amoroso y de esto se trae bien lo de Propercio: oculi sunt in amore duces. En el amor los ojos son la guía. Por que el amor entra por los ojos y nace en el "viso", que es la potencia que conoce, o sea, vista corporal, ques es el más amado de todos los sentidos. o sea, aquella potencia del alma que los platónicos llaman viso y los teólogos entendimiento intelectual, o conocimiento intuitivo.

Con esta cita de Herrera se aclara el concepto de amor -eros- y la función que desempeña dentro de la creación.

Sobre el Agape, puede verse el estudio de M. C. D´Arcy: The mind and the heart of love: Lion and Unicorn, a study in Eros and Agape, London. 1945.

La palabra amor, al ser aplicada dentro de un concepto cristiano polariza sus términos; así hallamos usados en los Santos Padres los de : agape, dilectio, charitas para designar "Amor Dei", el amor puro hacia Dios, y sus aberraciones son el de Eros, libido, concupiscencia, lujuria.

El intento de fijar un término, exclusivo para expresar el amor místico es constante. S. Francisco de Sales cita a Orígenes como uno de los primeros preocupados por este problema:

"Dice Orígenes en algún lugar que, a su parecer, la sagrada escritura, queriendo evitar que la palabra amor diera ocasión a una mala interpretación por parte de los espíritus enfermos, como más propio de significar una pasión carnal que afecto espiritual, una la caridad y la dilección que son más honestas" (59).

Y el msimo S Francisco de Sales opone a Orígenes el pensamiento de S. Agustín que "había considerado mejor el uso de la palabra de Dios y el del gran S. Dionisio, que, como excelente Doctor de la propiedad de los nombres divinos, se inclina más bien en favor de la palabra amor (60).

La terminología agustiniana en el uso del vocablo "amor", charitas, dilectio, es "assez flotante" según Gilson (61).

Pero es evidente una preferencia general por la palabra "amor" con el significado de deseo, peso, apetencia, que puede ser bueno o malo, según los objetos, intención y fines. Y una "charitas" para significar el amor entre personas; de estas a Dios. Y de Dios al hombre; y la dilectio cuando lleva implícita cierta benevolencia. (62).

"Omnis dilectio sive quae carnalis dicitur, quae non est dilectio, sed magis amor dici solet. (Dilectionis, enim, nomen magis solet in melioribus rebus dici, in melioribus accipi). Tamen omnis dilectio, frates carissimi, utique benevolentiam quamdam habet erga eosque diliguntur" (63).

La misma preocupación de substituir el vocablo "amor" por otros, refleja Malón de Chaide en la Conversión de la Magdalena. (64).

"Aunque a algunos les parecía que para con Dios no se había de usar el nombre de amor, como cosa ya aplicada a lo profano, sino el de dilección, que aunque quiere decir lo mismo, parece que dice el afecto de la voluntad con algo más moderación que el nombre de amor. Que yo no sé darle término en castellano a la dilección que es latino".

Así los conceptos de amor profano y divino, separados en los primeros siglos del cristianismo, comienzan a confundirse en plena Edad Media. Esta es la causa del nacimiento de una literatura que ha ido recibiendo distintos nombres: los contrafacta y literatura a lo divino.

DEFINICIÓN DEL AMOR

Es "amor" palabra tan común en el léxico de todo hablante, como imprecisa, debido a su amplio campo semántico.

"La creencia de que el amor es operación mostrenca y banal es una de las que más estorban la inteligencia de los fenómenos eróticos y se ha transformado al amparo de un innumerable equívoco. Con el nombre de amor denominamos los hechos psicológicos más diversos y así conceptos y generalizaciones no casan nunca con la realidad" (65).

Un matiz muy especial adquiere si las usamos en su plural: amores.

Y por amores entendemos no otra cosa que historietas más o menos accidentadas que acontecen entre hombres y mujeres. Requieren un ambiente especial: dificultades, complicaciones hasta llegar a correr la linea que de lo cómico a lo trágico, pasando por lo entretenido:

"Dicen los filósofos morales, que amor es un deseo de hermosura"(66).

Esta definición es muy parecida a la de Platón: "el amor es un ardiente deseo de gozar con unión perfecta aquello que juzga por hermoso en cuerpo y alma".

Queda así definido el amor por el deseo, por lo que son desechadas como incompletas:

Pero "quien dijo que el amor es un principio mediante el cual el apetito tira a su fin, que no es otro que la cosa amada¨ por ventura acertó más, o a lo menos tocó más de cerca la verdad y sino le dió, la asombró" (67).

Lucrecio y Aristófanes parece que sintieron lo mismo que Platón por que dijeron que "el amor no es otra cosa sino un ardiente deseo que tiene el amante de transformarse en el amado"(68).

Semejante a estas es la de aquellos que dicen que "el amor es un lazo, una atadura, mediante la cual el amante desea ayuntarse y unirse con la cosa amada". (También se queda en el concepto de amor como deseo).

Teofrasto lo reduce a una concupiscencia del ánimo, la cual así como nace presto, así se apaga.(69).

Plutarco fue de parecer que "era un movimiento de la sangre que poco a poco va alentándose y cobrando vigor y fuerzas, y que dura después mucho por una parte cierta persuasión nuestra, con que nos damos a entender que merecemos ser amados " (70).

Tulio lo considera como un acto de benevolencia, mientras que para Séneca es " un gran vigor de la mente que por respecto del calor se inflama suavemente de ella" (70).

La de los estoicos es respetada por Malón por haberse inspirado en ella S. Agustín. "Los estoicos siguieron otro camino diciendo que es una afición de la mente que nace en nosotros por causa de la belleza, mas no dicen qué sea esa afición". Lo mismo ocurre con Plotino: "es un acto del ánimo, con el cual se desea el bien para el amado".

Malón acepta la de S. Agustín para librarse de la definición como deseo, aunque a veces tenga nucho que ver con él (amor). "Es el amor una cierta vida que ayunta dos cosas o a lo menos lo desea.; esto es: el amante con el amado. (71)

Es el amor un apego fundamental de la razón a algo. El apego fundamental de la razón a ciertos objetos antes de que se ponga a pensar, lo han reconocido los filósofos modernos. Entre las diversas fórmulas, más o menos afortunadas, sobresale por su profundidad la de Heidegger que designa esa actitud con la expresión "ser en el mundo".

A nosotros nos parece mejor el término corriente de amor y es el que emplea S. Agustín.

Este término ofrece la ventaja de expresar mejor la índole pujante de la adhesión al mundo a que nos referimos. Nuestro apego es apremio interior, gravitación, pondus. Hablamos, se sobreentiende, de un amor metafísico, ontológico, sea consciente o inconsciente.

El amor es pues, un afán de unidad, movimiento vital, energía atrófica, anhelo de plenitud. (Según Platón- es el encuentro de las dos mitades de la esfera).

Si lo denominamos apetito de felicidad restringimos su sentido a un sentimiento de precariedad, como afirma Heidegger. "El amor es como el peregrino, como la gravedad del cuerpo, como el pié del alma que la lleva al lugar a donde tiende"(72).

Este lugar no es un espacio, sino "una delectación en la que alma se sosiega cuando llega con el amor"(73).

Amor es el realizador del ser- informante- correspondiendo al concepto griego del Eros. Para S. Agustín, en el hombre, delante de un amor hay siempre un conocimiento, del mismo modo que ese amor, es decir, consciente o inconsciente.

Según esto, Malón de Chaide define el amor como "el movimiento con el cual el apetito es movido y llevado del objeto apetecible y digno de ser amado". A esto llamamos amor, que no es otra cosa sino una complacencia que se tiene de lo que se desea" (la fuerza del grave), de esta nace el movimiento del que así se desea, con que es llevado a la cosa que se ama.

Y esto es el deseo y a este le sigue la quietud y descanso en la cosa que desea, que es lo mismo que la alegría.(74).

AMOR - DESEO

Hemos visto que siguiendo a Platón muchos han definido el amor por el deseo.. No es exacto que que todo amor quede limitado al ámbito del deseo.

El deseo "es efecto del acto voluntario del ser, o de tener una cosa estimada por buena y que falta" (León Hebreo).

Y el amor es "afecto voluntario de gozar con unión la cosa estimada por buena" (León Hebreo)... Es decir el amor aspira a gozar con unión del objeto y el deseo aspira a poseer. El amor versa sobre 1). Cosas que se poseen 2).- cosas que no se poseen. (76).

El deseo, aunque verse sobre lo que falta presupone siempre algún ser (algo de ser) por lo menos en el conocimiento; y el amor, alguna falta del objeto amado. Por eso, bien analizados son una misma realidad, no obstante tienen propiedades distintas.

Algunos distinguen el amor del deseo sosteniendo que aquel es el principio de éste, y definen el "amor" como complacencia en el ánimo por la cosa que parece buena¨ y admiten dos clases de amor:

a).- Amor que versa sobre cosas no poseídas (principio del deseo), avidez, tensión.

b).- Amor que versa sobre cosas poseídas (deleite, goce), placer, posesión.

El primero sería, en definitiva tendencia a la posesión de algo donde posesión significa de una u otra manera que el objeto entre nuestra órbita y venga como a formar parte de nosotros.

El segundo parece distinto, pues sucede al deseo.

Resumiendo otras opiniones como la de León Hebreo llegaríamos a un doble paralelismo entre los contrarios amor-odio, (amor-deseo; odio-aborrecimiento) que colocaríamos así:

Amor -------------------------------------- Deseo(avidez)

Esperanza
(Posesión de lo bueno)

Gozo...(placer) -------------------------------------- deleite
(objeto,espiritual)   (Objeto material)
(actitudes posesivas)   (Actitudes ávidas)

Odio -------------------------------------- Aborrecimiento

Temor
(Huída de lo malo)

Tristeza -- dolor

Todo amor es deseo y no al revés

Todo odio es aborrecimiento y no al revés.

Puede cesar el deseo y seguir el amor, y al revés. Lo mismo se puede afirmar del odio.

El amor y el odio tienen de común el hallarse psíquicamente en movimiento, en un intercambio anímico de fluido eléctrico.

Y se diferencia en solo su dirección: el amor es de tendencia a la posesión de la cosa amada, mientras que el odio es de huída. En el amor abandonamos la quietud y asiento dentro de nosotros mismos y emigramos virtualmente hacia el objeto. Ese constante emigrar es estar amando;como el constante huir es estar odiando.

En el deseo el acto del conocimiento y de la voluntad son instantáneos. Se tarda más o menos en prepararlo pero su ejecución es instantánea. En cambio en el amor se prolonga en el tiempo: no se ama en una serie de instantes súbitos sino que se está amando lo amado con continuidad.

"El amor es una fluencia, un chorro de materia anímica, un flúido que mana con continuidad como una fuente."(77).

El deseo fenece al satisfacerse, el amor en cambio es eterno: "es fuerte como la muerte". Resumiremos así: amor y deseo:

1.- No son afectos de la voluntad discordes entre sí.

2.- No son contrarios.

3.- No son idénticos

4.- No es algo genérico el amor de modo que contenga lo deseado.

5.- Los precede un conocimiento y algo de ser.

EXCELENCIA DEL AMOR.

El amor es excelente por sus cualidades: antigüedad, poder, y utilidad.

El amor es antiquísimo, es omnipotente y busca el bien. Y estas tres cosas se proponen demonstrar todos los filógrafos. (78).

a). A n t i g ü e d a d

Recuerda las teorías clásicas sobre el tema.

El Amor cabalga sobre el Caos organizándole y perfeccionándole según las Ideas preexistentes en el Topos Uranós. Hesíodo, Mercurio, Orfeo, Acusileo llaman al amor antiquísimo, perfecto por sí mismo, prundentísimo, y de gran consejo (79).

Según Platón el Amor preside al Caos originando todas las cosas del mundo, de modo que puede decirse que por amor se han creado todas las cosas.

Ovidio presenta ese Caos en perpetua guerra de elemento contra elemento.

Solo un elemento es clasificador: amor. Pondus.

Nec quicquam nisi pondus iners..........

Nec circunfuso pendebat in aere tellum ponderibus liberata suis.......

Frigida pugnabant calidis, umentia siccis, mollia cum duris, sine pondere habentia pondus....

Versos que nos introducen al pensamiento agustiniano.

El Neoplatonismo sustituye al Caos por la creación: Parte del hecho de la creación organizada conforme a las Ideas que ha colocado en la mente divina.(80).

A las cosas creadas se llega por emanatismo (Plotino) o por creación ex nihilo (S.Agustín).

Pues bien, ahí estaba ya en la Mente divina, el amor ex antiquo.

La creación es creación por amor: Sic Deus dilexit mundum ut Filium suum Unigenitum daret (81). Primero creó el mundo y creó al hombre; parecióle poco darle bienes naturales, dióle gracia y los del cielo.

Y por que aún le quedaba más que dar, dióle un solo hijo que tenía. (82).

b). O r i g e n : t r a n s c e d e n t a l

Ortega y Gasset para explicar el nacimiento del amor o de lo que más corrientemente suele llamarse "amores"

recurre a un mecanismo especial de atracción que se denomina vulgarmente "enamoramiento". Los neoplatónicos plantean toda una concatenación de eslabones que enlazan con la Idea Suprema de Hermosura..Los Renacentistas en parte acercan más esta idea a nosotros y es la mujer la que desde una órbita astral provoca al incendio amoroso.
(Amor loco en Pidal, p.142,Col Austral)
La influencia de este nuevo astro ha sido consagrada por Dante. Con el Renacimiento llega la idealización de la mujer que todo lo absorbe y concentra hasta llegar a la "Donna Angelicata"; se caracteriza precisamente por la ascensión sobre el horizonte histórico del astro femenino. Se codifica la " Ley de Cortesía", que va a informar todo el sentimiento literario de la civilización occidental.
Los stilnovistas, Dante, Petrarca y las cortes renacentristas son esclavos y rinden vasallaje a la "Cortesía". La mujer domina la sociedad pero como símbolo de la hermosura, que sólo como tal puede ser (es el eterno femenino que nos atrae hacia las alturas)...
En ella se ha querido ver esa Idea de Hermosura de la que participa toda la hermosura creada.
El amor divino nace de la Hermosura de Dios, el amor mundano de la visión de las cosas bellas, desde las cuales puede elevarse a la contemplación de la Heremosura Divina." Por que, lo que nace de la Hermosura de Dios, se dice que imposible es que aquella infinita belleza no cause amor". Cuando viene a nosotros, enciende el apetito y llámase deseo. (83)
Cuando el alma de sí la arrebata y lleva y une con Dios, (con su hermosura) se llama deleite (es la meta del amor); de suerte que todo el "círculo" consta de amor en la Hermosura de Dios, de deseo en nuestro apetito   deleite en la unión divina.

Y cuando decimos "amor" todas estas tres cosas encerramos en su nombre(84)

El amor es circular: he aquí su estructura o momentos:

1.- Dios creó una sustancia o esencia, la cual en el primer momento era informe y oscura.
2.- Esta, por haber nacido de Dios, se convierte a Él con un apetito nacido de ella misma.
3.- Vuelta a Dios es ilustrada con su rayo (la chispa o centella de los místicos) y resplandor divino, alumbrada así, se enciende con la refulgencia y reverberación del rayo.
4.- Encendido el apetito se ayunta todo a Dios.
5.- Y ayuntado se informa(85).

Es decir se parte de la creación ex nihilo, sigue la infusión del rayo-ilustración, conversión, unión, transformción.

La primera conversion suya en Dios, llaman nacimiento al amor; la infusión del rayo que alumbra, mantenimiento y cebo del amor; el ardor e incendio que luego le llaman aumento del amor; y la formación (ordenación de lo informe), llaman perfección; y todas las ideas juntas y las formas de las cosas llaman ellos mundo, que quiere decir ornamento y compostura. La gracia de este ornamento se llama hermosura; a la cual el amor luego, en naciendo, atrajo la mente informe, esto es, no formada....para que se hermosease.(86)

IV. CLASES DE AMOR

a). A m o r   m u n d a n o

Amor mundano es el nacido de la contemplación del mundo(cosmos).

El amor mundano, ese "estilo que tienen los mundanos en sus profanos amores de llamar vida y alma a la person que aman"- puede ser referido a un amor reprobado teológicamente o a un amor éticamente bueno. De él se sirve para aclarar los efectos más elevados del amor místico. I, 72, 91.

El amante platónico no considera amor lo que no lleva a la hermosura.

El apetito que despierta la hermosura en el olfato, gusto y tacto no puede llegar a ser amor nunca.

Esto dice Malón de Chaide: - siguiendo al pié de la letra a Ficino- no se llama amor sino lujuria y torpeza y furia desenfrenada. (87).

"Et lo appetito che gli sensi seguita non amore má piútesto libidine o rabbia si chiama"(88).

En los platónicos el amor libido no verdadero amor- aparece designado con el término de "furor", rabia, ardor furioso... El alma, a donde con aquel "ardor furioso", seca y agosta todo lo más florido y verde de nuestras obras I,25,44.

La razón es que sus sensaciones son tan vehementes, que "sacan de sí al al entendimiento y lo turban, le desequilibran, rompen la concordia, la consonancia que antes ha definido como "un temple en las virtudes y en los colores y en las voces" (89).

Y si no hay esa consonancia no hay belleza y por tanto no hay amor.(90). Pero en el ánimo (mente), con la vista y el oído puede ver todas las hermosuras creadas- donde hallará nacimiento el amor- amor meramente mundano, que puede quedarse en la mera contemplación-no verdadera según Platón, o en la hermosura participada, según S. Agustín - sin remontarse a la fuente suprema.

Pero el amor que de la hermosura nace, no puede ser nunca malo por que el amor solo sigue las cosas que son honestas, templadas y hermosas, y compuestas (89) (o de lo contrario no es amor.

Según el platónico no solo se puede amar la belleza, aún de los cuerpos, sino que se debe amar. El verdadero amor sigue hasta completarse en la unión con el amado.

b). A m o r   m u n d a n o - m í s t i c o

Cfr. Menéndez Pidal: Poesía árabe, p. 142, Col. Austral.
Con la primera literatura patrística comienzan a separarse los dos conceptos del amor: uno bueno y otro reprobable. Los nombres no coinciden sistemáticamente. En S. Agsutín estos dos conceptos (dos amores) edifican dos grandes ciudades. En el hombre el amor gravitaría siempre hacia su centro - la celestial Jerusalén- sino estuviese debilitado por el pecado original. Los dos amores son antagónicos, luchan entre sí. En el hombre racional se ha bipolarizado el amor- el peso, la gravitación-: uno es el amor- pondus del hombre caído, y otro,el amor-Dei restablecido por la gacia. Estas dos fuerzas se contrarrestan; por eso dice Malón que el juego- trágico´de la vida está en acertar a entablar

bien la voluntad y el amor; hay que buscar equilibrar las dos fuerzas, pues el amor propio, hasta despereciar a Dios, edifica la ciudad de Babilonia; y el amor de Dios, hasta el desprecio de sí mismo, edifica la ciudad de Jerusalén (91) De aquí nacen nuestros males, de no saber enfrenar este potentísimo apetito; y así de amor le volvemos furor (92). Aquí se ve la necesidad de la ascesis. Una vez establecido el equilibrio el amor tiende a la última etapa -amor místico-; busca el goce en la unión; en la transformación completa en el amado. El verdadero amor nunca causa hastío, antes bien, aumenta con el goce.

Sus efectos son descritos por los escritores místicos; algunos se limitan a decir que es "inefable"; otros, recurren a efectos semejantes que haya en el amor humano.

Coincide con Fr. Luis de León al considerar la profunda y vasta realidad del amor como una idea de unidad: intensa aspiración que traspasa las más varias manifestaciones del amor. Es singularizado, es una lente que centra todos los rayos en un punto (símil del círculo) "y ansí, dice Fr. Luis, el amor como es unidad y no apetece otra cosa sino unidad, así no es firme ni verdadero cuando se divierte en igual grado por muchas y diversas cosas ".

El que bien ama, a una cosa tiene amor. A esta unidad por el amor nos llama Dios y nos hace ver esta vocación, por un artificio especial. El ha hecho que ninguna cosa tenga vida de suyo, sino que el cuerpo la tuviese en el alma y el alma en Dios, lo cual solo es la vida por esencia. De suerte que si habeis vos de tener vida, ha de ser en Dios; ¿Cómo?, ¿entendiéndolo?. No., amándole(93).

La razón es por que la voluntad es potencia unitiva y al unirse la voluntad a Dios, lleva todas las demas potencias con ella, por ser señora de ellas y síguese que el amado es señor de todo el amante y el amante se transforma en el amado (94) que el amor hace unos y transforma en el amado ; esto es, que por afición y amor parece que en alguna manera sale de sí y se pasa en lo que se ama por que allí tiene sus pensamientos, sus deseos, su descanso, su deleite y todo lo que queire y entiende. Por eso decimos que el amante muere en sí y vive en el amado, por que todos estos son efectos de la vida. (95).

Los efectos supremos no logrados por todos son tratados maravillosamente por Malón de Chaide y son los puntos donde Ticknor encuentra que "alguna vez se convierte en místico" (96)

La transformación- amor tnasformable- de María Magdalena y de Jesucristo, así lo describe gráficamente recurriendo al diálogo socrático:

¿Vive siquiera en otro? - Sí, por cierto, en su amado, ¡oh, cosa maravillosa! Que el amado vive en el amante y el amante en el amado: ama María a Cristo y Cristo a su María. Juegan al trocado y el uno se da al otro y el otro al uno, para que cada uno tenga al otro. (97)

V. FUENTES DEL AMOR:

Amory Hermosura - Amor y Belleza.

A m o r   M í s t i c o .

Según las definiciones de amor vemos que existen hondas relaciones entre amor y belleza. Estas relaciones íntimas nos obligan a estudiar el concepto de hermosura.
"El amor según Hieroteo y S. Diosnisio Areopagita es un círculo en el cual el bien gira perpetuamente sobre sí mismo. Es un bien, pues nace del bien y persigue el bien que es Dios; nacido de Dios, es la belleza; estimulando el alma , es deseo; como instrumento de la unión, es goce" (98).
El amor es un círculo. La resolución de éste , es un movimiento eterno de amor hacia la belleza divina, de deseo en nuestra alma, de goce, en la unión. La palabra amor implica todo eso (99).
La escuela cínica confundía lo bueno con lo bello y para los cirenaicos, lo bello era todo lo agradable, conforme a su hedonismo o teoría del placer.
Platón, según Menéndez y Pelayo, fue intérprete de esta tendencia (idealista) y (por decirlo así) hierofante y revelador de los misterios de la hermosra a los mortales; en quien toda idea y abstracción de la mente se vistió con los hermosos colores del mito y de la fantasía templados

por una suavísima tinta de ática ironía fácil y graciosa. (100).

En Platón la hermosura se identifica con la Idea (eidos), species de spicio, morpho-forma (speciosus y fermosus).

En la idea se halla toda hermosura: la verdadera y la real.

El arte será su ficción, imitación no de otro modo que lo son las cosas existentes.

Y como la idea sólo se posee por la Sabiduría de ahí que lo bello será "lo que agrada a los varones rectos y templados, o a uno de ellos si vale más que todos, no lo que complace al vulgo indocto, cuyo aplauso corrompe a los "poetas". (101).

La idea de hermosura viene a ser una "esencial luz solar que en su unidad contiene todos los grados y diferencias de los colores y de la luz del universo". Identifícase con la sabiduría (o con el verbo); no solo en el entendimiento divino sino en todo actual entendimiento son una cosa en sí (102).

El sabio- el que busca la realidad verdadera- "tiene gusto por las cosas, las saborea" (del latín sapere, sapientia). De donde la sabiduría no es siempre un un modo lógico, sino un aficionamiento e inclinación radical de la mente "una disposición de ella" hacia el ser real y verdadero ... Este sentido (la idea de hermosura) decía, "es algo interior a nosotros, al propio tiempo que lo es de las cosas no sólo nos es interior, sino lo más interior, lo íntimo".

A este ser íntimo del sentir lo llamaron por esto los antiguos el fondo abisal del alma: el alma tiene esencia en el sentido de fondo abismal. Esa idea pasó a la teología mística con el nombre de "Scintilla animae, la chispa del alma"(103).

Plotino funda el concepto de belleza en la semejanza y por participación de nuestra belleza decimos que las otras cosas son bellas. Como el alma es cosa excelentísima, se alegra cada vez que encuentra algún vestigio de sí propia, y mediante la fórmula de hermosura que ella posee, reconoce en los cuerpos la hermosura, que sería la Idea misma si no la abstrajese de la materia (104).

Ni Platón, ni Plotino confunden la belleza con lo verdadero. Una cosa es admitir la idea abstracta y esencial de la belleza y otra reducir a esta todo un mundo inteligible. Por eso Vacherot pone el principal mérito de Plotino en su explicación psicológica de la intuición de lo bello, fundada en la belleza del sujeto contemplador.(105).

Mientras S. Agustín y Dionisio la hacen radicar en la esencia divina, los neoplatónicos la ponen en la Mente Angélica donde se halla esa "gracia u ornato". La gracia di questo Mondo et di questo ornamento é la belleza a la quale subitamente che quello Amore fu nato tiró et conduse la Mente Angélica (106).

La propia belleza "é quella per la quale tutte la cose sono decorate e per la quale tutte le cose sono o apaiono belle et tutte le cose utili seranno belle". (107)

S. Agustín distinguió varios caracteres de la belleza: el de la armonía, aptitud, virtuosidad. Una es la que existe en Dios y la otra en las criaturas; aquella es fuente de ésta.

La definición de Plotino pasa a todos los tratados del Renacimiento: " Belleza é certa grazia la quale massimamente é piú delle volte nasce da la corrispondenzia di piú cose" (108).

Malón de Chaide acepta la de S. Agustín, y "así dice mi padre S. Agustín de quien ellos (los teólogos) lo tomaron y él de Plotino que lo dijo divinamente: Son las Ideas, dice Plotino, las fuerzas infinitas e infalibles de la sabiduría divina, inmensas fuentes fecundísimas, formas primeras, que concurren en una divinidad, esto es, que son una cosa con la divinidad." (109).

Malón, como S. Agustín y Plotino halla en Dios la primera y suprema fuente de la hermosura, de ahí participa toda la hermosura creada, comparada como un recuerdo, una centella (imagen, destello, reflejo, esplendor) aún sin apagar que se aleja en el hombre y permite que le haga reconocer su origen. Este es el fundamento de la ascensión hacia Dios (Platón habla de las medias esferas que tratan de encontrarse y unirse, completarse, perfeccionarse)...

"De aquí es que el que comtempla y ama la hermosura en estas cuatro cosas (ángeles, almas, naturaleza y cosas) en las cuales se encierra todo lo criado, amando el resplandor de Dios y por El conocido en estas cosas, venga a conocer y amar al mismo Dios" (110). Desde la antigüedad está originando el amor antiguo: ¡Oh, hermosura antigua y nueva!, ¡qué tarde te conocí y qué tarde te amé!. Daos prisa pies míos y llevadme a la fuente de mi gloria para que allí temple el ardor que me abrasa las entrañas.(111).

Según León Hebreo (que parece ser que no identificaba la hermosura con el ser de Dios) (112), la hermosura es "gracia que deleitando el ánimo mueve a amar". (113). Y la cosa buena o persona, en la que se halla esta gracia, es hermosa, pero la cosa buena en la que no se halla esta gracia no es hermosa ni fea.

Esta hermosura tiene su fuente principal en Dios de donde le viene a las criaturas para ser en ella "participada en su claridad en el mundo, en su claridad en el ánimo y mucho más clara en la Mente del Angel". É un dono dato da Dio, ed uno splendor del Sommo Bono; cicé certa grazia, la quale per la regione connoscitiva che ne a la mente o per la persuasione che ne prendono i duo sensi spirituali, l'occhio o l'orecchia diletta e trae a se l'anima.(114).

Este carácter divino-participación, esplendor del Sumo Bien, le permite ejecutar ese influjo vertical sobre el amor; la verticalidad del misticismo renacentista es la ascensión del amor, la iniciación de su trámite feliz y ascensional que trasciende lo sensible hasta sumergirse en el piélago inmenso de la Suma Belleza. Este viene de Dios y a Dios lleva.

La vanalidad de la belleza corporal enciende al amor y lo pone en movimiento, por ese afán de perfeccionarse en la Idea Suprema de la Belleza.

De pronto los ojos y los oídos se hacen invisibles y espirituales a la manera de la mente alejándose de lo corpóreo y uniéndose al alma intelectual y así comienza a amar las bellezas del alma, la cual espiritualmente llega a causar la belleza de los ángeles, más perfecta aún y de tal modo se ha efectuado la unión entre la mente y el alma espiritual que así contiene el ver y el oir incomprensible, considera y desea unirse al dador de toda esta belleza. (115).

Así llegamos a internarnos en ese "Universo circolare" del Renacimiento, donde con un salto de lo sensible a lo transcendental se mantiene esa correspondencia del fluido amoroso, nacido de la belleza saliendo de ella y volviendo a ella.

No todos los sentidos pueden mantenerse ni proporcionar esa corriente, "lo bello- dice Plotino- afecta principalmente a la vista. (Etc.) (116).

Reside, pues, en las bellezas, formas y figuras, en el orden de las partes entre sí con relación a un todo, en la simetría, justa proporción y en las líneas de los cuerpos, en los colores (objeto de la vista); en la selección acordada (objeto del oído) (117)

Otra virtud comprende lo hermoso además del ver y oir, pues se dice lindo pensamiento, linda imaginación, linda invención.

Es decir que lo bueno para ser hermoso es necesario que tenga con la bondad alguna manera de espiritualidad graciosa. Hay, pues, otra hermosura que la que el mundo no ve con los ojos. Hay que mirarla con los ojos incorpóreos, "que si la hermosura corporal que es sombra de la espiritual deleita tanto al que la ve, que se lo roba y le convierte en sí, y le quita la libertad y lo hace su aficionado ¡Qué será aquella lucidísima hermosura espiritual!

La hermosura no consiste sólo en la proporción de las partes. No todo lo bello y bueno es proporcionado.

Las cosas corpóreas se tornan hermosas por participación del mundo espiritual, así lo bien proporcionado por la participación de la forma. Todo cuerpo tiene alguna hermosura derivada del principio de lo informe. Así: los colores son hermosos por que son forma. La armonía por que es forma espiritual, ordenativa y unitiva de muchas voces en una. La oración por que viene de la forma espiritual ordenativa y unitiva de muchas y diversas palabras materiales.

Las hermosuras de conocimiento y razón preceden a toda hermosura corporal, por que son las verdaderas, formales y espirituales y las que ordenan y unen muchos y diversos conceptos del ánima sensible y racional y así mismo dan y participan hermosura doctrinal en los entendimientos dispuestos a recibirles(118).

Dice esto mismo Betusi: "La maggiore bellezza consistono nelle parti dell´ánima che vengono ad essere piú elevate del corpo, le quale sono: imaginasione, ragione, ed inteletto. Dalla imaginazione nascono gli alti pensieri, le imaginazione diverse o le invenzioni. Dalla ragione separata dalla materie s´apprendono i begli studi abiti virtuosi, le scienza e tutte queste altre simili cose.

Ma nell´intellecto comme la veritá delle cose, ma piú astrate dalle loro materie, ed é a sembianza dell´intellecto divino"(119).

El P. M de Chaide acepta más o menos estos conceptos manejados por todos los tratados de amor Renacentistas, perfilándolos con otros tomados del neoplatonismo agustianiano, pues con frase del santo expresará su admiración por la divina Hermosura:"¡Oh hermosura siempre antigua y siempre nueva, qué tarde te conocí y qué tarde te amé.........Daos prisa piés míos y llevadme a la fuente de mi gloria, para que allí temple el ardor que abrasa mis entrañas"(111).. Comienza por aceptar la definición corriente. Hermosura llamamos una gracia que consiste y nace de la consonanciaa y armonía de muchas cosas juntas.

Hay tres clases: de los ánimos, de los cuerpos y de las voces.

Dos cosas se requieren para que haya hermosura: diversidad y concordia o consonancia.

La concordia viene entendida como temple que hay en las virtudes y en los colores y en las voces. "Lo que llamamos consonancia, es un temple que hay en las virtudes y en los colores y en las voces.. Esto es lo mismo que templanza: luego el amor sólo sigue las cosas que son modestas, templadas y hermosas y compuestas.

La consonancia y proporción de las virtudes produce una cierta gracia en el alma y por esto dicen los teólogos que las virtudes están eslabonadas y que quien tiene la una tiene las demás"(120).

Es decir hallamos hermosura en la unificación armónica en las correspondencias de muchas virtudes (occupaciones, acciones, ciencia y costumbres), que hacen que si falta una, falta hermosura, conforme al principio aristotélico, bonum ex integra causa. Esta clase de hermosura es la llamada de los ánimos.

Hay otras dos: la de los cuerpos o de los ojos, por que se goza con los ojos; y la de las voces o de los oídos, por que se goza con los oídos

"Pues si el entendimiento, la vista y el oído sólo son los que podemos gozar de la hermosura y del amor es un deseo de gozarla, síguese que el amor solamente se contenta con el entendimiento, y con los ojos y con el oído"(121).

La actuación de los demás sentidos no solo se posponen a la verdadera hermosura sino que se hallan en oposición con ella.

"Decidme, pues, vosotros profanos los que afrentais el divino nombre del amor ¿de qué sirve aquí el olfato?, ¿de qué el gusto?, ¿qué hace aquí el tacto? ¿De qué aprovechan los olores, los sabores, las cosas frías o calientes, las cosas duras o blandas que se reciben por los demás sentidos?. Ninguna de estas cosas es hermosura por que son formas simples: y la hermosura requiere diversidad y concordia o consonancia con ella, luego el apetito que sigue a los demás sentidos no se llama amor sino lujuria y torpeza y furia desenfrenada" (122).

Ya hemos visto cómo Malón de Chaide recurre a la teoría de la linea circular del Renacimiento. La doctrina platónica de la belleza según la cual los objetos bellos "deben esta cualidad a una idea superior" y anterior de Belleza que informa, se convierte a través de Ficino, Plotino, Dionisio Areopagita y S. Agustín, en el neoplatonismo en un atributo de la divinidad, esa idea de Belleza suma. Pudiéndose hablar así de un Dios creador y fuente de belleza, de la Belleza, y de las cosas embellecidas, las cosas son bellas por participación de la belleza superior, es movimiento de descenso: "Hermosura es el acto o el rayo que de allí nace y se derrama y penetra por todas las cosas. Esta se derrama primero en los ángeles y los ilustra; de allí en las almas racionales, y dspués en toda la naturaleza, y últimamente en la materia de que son hechas todas las cosas" (123).

Así queda marcada la huella para ascender al mismo punto de partida por la comtemplación de estas cuatro cosas hermoseadas.

El motor que puede elevar a su conocimiento es el amor. Para los neoplatónicos, de la belleza del mundo a la belleza de Dios se asciende por el amor, que empieza comprendiendo (intelectio), se enamora (amor) y se goza a la divinidad (fruitio).

Con ello no hace la humana criatura sino devolver con amor el mismo amor que Dios le otorgó. Es lo que León Hebreo llama "linea circolare dell'Universo".

"Pusimos(antes) aquel círculo divino de Hieroteo y de S Dioniso adonde mostramos cómo el amor, en cuanto comienza y nace de Dios, se llama hermosura y en cuanto llegando al alma la arrebata ya, se llama amor; y en cuanto la une con su hacedor se llama deleite: Diosnisio y antes que él Platón, compara al sol con Dios" (124).

Realmente esta aspsiración a la belleza suma lleva al misticismo. El alma enamorada siguiendo la escala (intelectio, amor, fruitio) de la filosofía neoplatónica, asciende a la divinidad mediante el tránsito por una primera etapa de exámen de conciencia (purgatio) que la conduce al conocimiento de Dios (illuminatio) y finalmente, si es espíritu escogido llega a la mística fusión (fusio) en la cual el alma alcanza el éxtasis inefable, durante el cual el alma enamorada se convierte por sugestión amorosa, en el amado(125).

VI. EXPRESIÓN ESTILÍSTICA: TEMAS.

Dentro del inmenso campo amoroso podemos ir señalando infinidad de temas que han sido desarrollados en cada momento literario.

A través de la literatura podemos hablar de estos temas de gran importancia:

1.- Tema de amor por carta o correspondencia.
2.- Se halla el mensajero, personaje que se derrama en acepciones de terceras-criadas e intermediarios..etc..
3.- Tema del enfado o de la enemistad que mantiene el nudo del cuento hasta la reconcicliación o la ruptura definitiva.
4.- El tema de la soledad´
5.- El tema de los ojos, la mirada.
6.- El tema del llanto
7.- El tema del insomnio.
8.- El tema del olvido y de la muerte como una manera del olvido
9.- El tema de la conformidad; de no conseguir el amor.

Se conforma: a).-con las visitas,
                   b).-el beso en la herida
                   c).-posesión de objetos del amado
                   d).- besar las huellas

e).-visiones del espectro en sueños

Cada uno de estos temas necesita un estudio aparte. Algunos ya existen:

La soledad en la poesía española, de Vosler

En este estudio sólo nos detendremos a estudiar los que de alguna manera fueron usados por los místicos y poetas para expresar un efecto amoroso y místico.

EXPRESIÓN ESTILÍSTICA : EFECTOS

A estas notas hay que añadir algunos efectos que en circustancias especiales llegan a poducir el amor::

1.- La enfermedad, como "la princesa Mafalda, que murió de amor por no se poder casar". El "collar de la paloma" dice que las dolencias de amor no son como las que vienen de las restantes enfermedades.

2.- La discreción

3.- Un efecto agridulce

4.- La congoja

5.- Fuego (fiebre)

6.- Servidumbre (esclavitud)

7.- Unión inefable.

TEMAS Y SIMBOLOS

Al estudiar cada uno de los elementos expresivos del concepto amoroso nos encontramos con un temario muy repartido, aunque sin duda prevalece el bíblico, expuesto a través de sus conocimientos directamente o a través de la doctrina agustiniana.

Vamos, pues, a fijarnos en los símbolos expresivos recogidos por el ilustre discípulo del maestro Fr. Luis de León.

El lenguaje simbólico, dice Hatzfeld, circumlocutorio, ambivalente, poético, deviene de una necesidad frente a lo mímico, lo misterioso, lo divino que escapa a toda distinción y esclarecimiento lógicos, puesto que es imposible convertir en un problema y delimitar sus aspectos la ilimitada inteligencia de la mente razonadora. (126).

Su estudio podría reducirse a cuatro apartados, no fácilmente separables, pues, a veces el campo de una invade al del otro.

1.- Símbolos provenientes de fuentes meramente literarias.
2.- Símbolos neoplatónicos y agustinianos.
3.- Símbolos bíblicos.
4.- Símbolos estructurados por el autor. Así como los tres anteriores son hallados e impuestos por una tradición; estos últimos son debidos al ingenio literario del autor.

En general podemos decir que todo místico católico se encuentra enmarcado dentro de una tradición sagrada, interpretada por los Santos Padres y teólogos o en general por la tradición. Y suelen caer en un campo próximo al depositum fidei.

Nos limitamos, sin más, a marcar los temas:

Temas de la vida

El tema que es tocado también por Sta. Teresa en "Vivo sin vivir en mí" viene a ser una perífrasis del texto paulino: Vivo yo, más ya no yo, sino vive en mí Cristo. "La unión mística del amante con el amado hace que uno y otro vivan en una sola vida; que el amante se pierda sí mismo para hallarse en la vida del amado". " Más, cómo sea esto, que cada uno tenga al otro, eso no parece que pueda ser si se deja ver; por que quien más se tiene a sí ¿cómo puede tener a otro?. Este es el milagro del amor, que perdiéndose a sí mismo se tenga a sí y al otro. Esto es ganapierde del evangelio, es deir, que quien pierde su vida por amor la halla" (127).

Así , pues, dice Malón, el vivo yo que dice el principio es por la vida que tiene en Cristo que la cuenta por suya. El "ya no yo" es por la muerte que en sí mismo murió para vivir en su amado. El "vive en mí Cristo" es por la vida que a nuestro modo de hablar deimos que tiene el que ama en el mundo (128).

Dios es la vida del alma, como el alma lo es del cuerpo, y como apartándose el alma se muere el hombre, apartándose Dios, se muere el alma.. "Eres Tú, Dios mío,Vida"....(129).

El estar y vivir en Dios es por amor. El amor nos une a Dios. Pero el pecado-aversio a Deo-nos separa, es la muerte. Por eso trae a la memoria el texto de S. Juan "en esto conocemoss que hemos pasado de la muerte a la vida, en que amamos"(130).

Luego el que no ama está muerto, concluye. "Luego si la Magdalena era pecadora, bien se infiere que estaba muerta. El muerto no tiene nombre" (131). Así bajo el tema de la vida- muerte (amor-pecado) llega a dar una explicación del porqué el evangelista sustituye su nombre por la circumlocución "mulier quae erat in civitate pecatrix"..

"El amor es, pues, vida. Pero sólo el amor verdadero. Por eso la Magdalena al convertirse al buen amor: fruto de vida es el que ha recogido". (132) y ya en su último estado de gracia en sus soliloquios nos podrá decir. "Vive, alma muerta". Digo que estándote aún en tus maldades te dije: alma perdida, vuelve, levántate y vive. Heme aquí que vivo, Dios mío, vida mía, Bien mío; ya tengo fruto de vida; ya se acabó la muerte. (133).

Arbol de vida

Muy ceñido al tema de la vida aparece otro también de inspiración bíblica: el tema del árbol de la vida.. En el pensamiento bíblico es al árbol que da fruto de vida, árbol de la ciencia, el árbol a cuya sombra espera el amado. También hallamos en Sta. Teresa un comentario al tema partiendo de dos versos del Cantar de los Cantares; "Sentéme a la sombra del que deseaba y es su fruto dulce para mi garganta.(134). En S Juan de la Cruz, el árbol suele ser referencia a la cruz del misterio de la redención, pues aquí, tanto en la Santa como en Malón de Chaide, el árbol de la vida lleno de fruto y de sombra es el amado: ¨dice que se sentó a la sombra del que había deseado "Aquí no le hacía sombra sino manzano y dice que es su " fruto dulce para mi garganta"(135). Pero también es la cruz. Por que entiendo yo por manzano el árbol de la cruz , porque dijo en otro cabo , en los Cantares, 8, 5, "debajo del árbol manzano te resucité" (136).

"Halládole ha María, a la sombra del deseado de mi alma me senté, a los piés de mi Señor me veo; al tronco del árbol de la vida estoy; dulce fruto es el suyo para mi garganta¨. ¨Fruto de vida es el que he escogido" (137). Con esta expresión bíblica encuentra la expresión de un amor de unión.

En Garcilaso aparece un árbol simbólico como estilizado de la naturaleza y de las imágenes." Esta dulce poesía no es más que sentimiento sin paisaje ni pintado ni aludido; aparece al fondo; en un paisaje de verdes recientes, tiernísimos, húmedos sobre bosques se cierne una neblina muy sutil"(138).

Amor-vida-muerte

El tema de "Vivo sin vivir en mï" y el verso "que muero porque no muero" pertenecen a una larga tradición cortesana, a veces entreverada de popular (139). Es frecuente en la poesía anónima ver referencias a esta muerte de amor ante la violencia del enamoramiento efectuado por unos ojos hermosos; pero este tema no es totalmente el "vivo sin vivir en mí", pues esto supone amor y correspondencia entre amado y amante. Mientras que en casi todos los ejemplos de la poesía popular falta la correspondencia por parte del ser amado.

> Si me miras me matas
> si no, me muero,
> mátame, vida mía
> que morir quiero.

Malón de Chaide explica a su modo este efecto unitivo del amor. El que ama está fuera de sí, olvidado de sí, se resuelve siempre en el amado; no piensa sino en el amado: "y por esto el alma así aprisionada no obra en sí, pues la principal operación suya es el pensamiento; el que no obra en sí, síguese que no está en sí, por que estas dos cosas son siempre iguales, el amor y el obrar: ni hay ser sin que haya operación, ni hay obrar donde no hay ser; nadie obra donde no está y doquiera que está, allí hay obrar (140).
Luego el que ama está muerto a sí mismo. Pero cabe pedir la explicacion de cómo se vive en el amado; cómo es que, al perderse a sí, el amante se encuestra en el amado: "He aquí cómo éste se tiene a sí, pero en el otro, y en el otro se posee, pero estotro. Cierto está que amándoos y a Vos que me amais, y por el mismo caso pensais en mí como habemos dicho, pues me hallo a mí mismo en Vos, y en Vos me cobro yo a mí que me perdí por mi descuido, y Vos me haceis otro tanto en mí" (141).
"Hay otra cosa maravillosa y es que después que me perdí a mí mismo, si por Vos me redimo, por Vos me hallo y tengo; y por Vos me tengo a mí: y más os tengo a Vos y

primero os he de tener a Vos que a mí; pues a mí no me tengo sino por Vos. Por esto decimos que los que se aman mueren en sí y viven en otro, de suerte que hay una sola muerte y dos vidas; una muerte cuando se desprecia a sí mismo y no cura de sí; dos vidas, la una cuando se halla al amado; la otra, la del mismo amado" (142).

El amor humano acaba por olvido y muerte.

El verdadero amor no muere, es más fuerte que la muerte. Lo razona en el ejemplo de la muerte de Lázaro: "Amaba Cristo a María y Marta y Lázaro, dice S.Juan; enferma y muere Lázaro; escriben las hermanas, viene el Redentor; ve llorar a María; llora y resucita a su hermano, ¿quién pudo más?. Peleaban la muerte y el amor. Acomete la muerte y mata a Lázaro; acude el amor y dale la vida y resucítale. Luego más fuerte es el amor que la muerte" (143).

T e m a   d e l   a g u a .

Cfr. Poética del Cancionero, p. 252.

El simbolismo místico del agua aparece como expresión de la divinidad, y de la fé o del amor, según se tome el símbolo de un agua manante y corriente o de un agua estática y apacible. Esta agua estática - las fuentes y ríos cristalinos del Renacimiento- dibuja en sus espejos el rostro del amado. Parte del mito clásico del narcisismo. Sigue el uso en la pastoral clásica y renacentista. De ser un elemento ornamental-sobrio- pasa en S.Juan a ser el nervio de la Égloga..

El agua manante-el agua viva- nos lleva hasta el origen de todo ser en la divinidad. "El agua es viva para recordar que el Espíritu Santo mora unido al Padre y al Hijo como el río lo está a la fuente" (144).

El amor santo, como el agua viva, da la vida eterna y crea al alma cosas santas.

Dios es la fuente de todo bien, de todo amor. Entrega toda su agua a los ríos. Pero no por ello se agota; se mantiene apacible en su mismo nivel. Los ríos que de ella parten confunden sus aguas antes de tomar cada una su curso particular (145).

La participación de las criaturas de los bienes sólidos de esa fuente-de su agua- se ha continuado en otras comparaciones como la esponja: "El alma es como una esponja que ha dado consigo en la fuente del amor"(146). En la expresión quedan a manera de ambientación bíblica frases hieráticas: "cervos ad fontes aquarum"..como el ciervo que busca las fuentes; "domine, da mihi hanc aquam".

Santa Teresa habla del "agua del pozo". Ello es debido al recuerdo de la escena de Cristo con la Samaritana en el brocal del pozo de Jacob, y a la observación de un lienzo que lo representaba, que había sido donado al convento de la Encarnación por D. Alonso de Cepeda.

Malón de Chaide no habla de "agua viva"-cosa extraña, sino de "agua dulce", que es como el agua dulce de las fuentes de Villa Luceria de Cicerón.

"Eres, mi Dios, fuente de agua dulce; eres el río, que con su corriente alegra la ciudad de Dios; eres mar dulce de infinita gracia; eres el agua que brindas a los ángeles y santos y los embriagas con la abundancia de los deleites; salen de tu pecho ríos caudales de sabiduría, de gloria, de gracia, de bienes y de infinita riqueza. Mi alma cuando está sin tí, es como la tierra sin agua" (147).

De esta fuente divina nos llega también el amor que por tener tal pocedencia nos arrebata hasta volver al mismo destino, para llenarse más en su mismo origen: "Por esto el amor representa el fin que es Dios, a los espíritus celestiales, que vueltos a mirar aquella fuente de amor dulcísimo, corre con su sabroso fuego"(148).

La fuente- espejo es testimonio de la hermosura del amado, que con su visión nos trae el amor, es tema de concepción neoplatónica, desarrollado por medio de exclamaciones y preguntas o fingido diálogo con el amado. Es método muy agustiniano principalmente de la Confesiones." ¡Oh, fuente de resplandor eterno.Tú que eres espejo de la hermosura del Padre!.¡Oh Dios bellísimo!. ¡Dios bonísimo!. ¡Qué belleza hay en el mundo, en el cielo, en la tierra, en la luz, en las estrellas, en los animales, en las plantas, finalmente en toda otra cosa que no se halle en Tí con suma excelencia y perfección!" (149).

La magnitud del amor queda expuesta en un recurso hiperbólico muy usado en la poesía: es el llanto, las lágrimas- comparables al agua del río o del mar en cantidad.

En Malón nos llega este tema con la expresión popular amatoria pero en él arranca el sentimiento bíblico de la frase bíblica: "Magna velut mare contritio tua", que queda sonando como un trasfondo que ennoblece el ambiente.

Veamos ejemplos de la poesía popular:

> Me puse a llorar mis penas
> al pié de una fuente fría,
> más agua echaban mis ojos
> que de la fuente salía.
> (Rodríguez Marín)

> También la boca a razonar aprende
> con llanto sin llorar los ojos.
> (Quevedo).

Muy cerca de esta corriente está la expresión de ese amor por la hipérbole del mar: ¡Oh María, oh mar de lágrimas. Oh fuego y horno de amor.¿Y hasta cuándo acabarás de llorar?.¿Y hasta de deshacer ahí en llanto? ¿De qué océano acarreas los ríos que salen de tus ojos? ¿ Das a la bomba a tus entrañas para sacar el agua que derramas?. Pues, mira mujer espantosa, que el aljibe estaría ya seco con la que tú ' has derramado. (151) "Tan grande es el mar de tus ojos como el del océano. Oh Maria, " (151).

Y el tema poético es entreverado con el neoplatónico: sol, rayo, luz (negativa, nublada) para enredarse en una dialéctia ascensional: "Oh sol divino, rey de gloria, secad con vuestros rayos aquellas fuentes; enjugad aquellos ojos de María; deshaced los nublados de su corazón; mandad a las aguas que cesen; decid a las nubes que no lluevan ya, que ya está anegado el mundo viejo y los pecados de María; cese el agua diluvio de su llanto"(152.

El Sol

El sol es la expresión más completa del amor. Francisco de Osuna expone las siete propiedades que le son comunes al sol y al amor.

1.- El sol realiza el movimiento perfecto en su órbita-el amor para servir al mundo.

2.- Es calor invencible.- el ardor del amor es indefinible.

3.- Es sutil; penetra toda la creación.-el amor nos compenetra.

4.- El quemarse de continuo asegura su pureza.- el amor quema todo lo que le es extraño.

5.- El sol ve todo lo que le ilumina- el amor contempla toda la creación.

6.- El sol engendra en la tierra oro y piedras preciosas: el amor, buenos pensamientos.

7.- El sol envía sus ayos rectos ante él- el amor va derecho a Dios. (153).

Para S. Juan es el sol y la aurora el renacer en el alma de la luz divina.

Entre todos los atributos se le ha dado más importancia a "el ser luz divina".

Las razones que da Etchegoyen son las siguientes:

1.- La luz para el contemplativo no es sólo metáfora, sino un elemento esencial de la visión imaginativa (representación del Cristo resplandeciente y de la virginidad de María).

2.- Se acomoda mejor a la necesidad del místico de expresar la más elevada y compleja experiencia de sus experiencias intelectuales. Las metáforas del agua transparente, del espejo, del diamante o de la piedra preciosa traspasados por el rayo solar completan las del sol. Unas y otras simbolizan la armonía de la luz, expresando a maravilla la sintesis del mundo sensible e intelectual..

Se comprenderá así cómo las metáforas de la luz representan en doctrina espirtual y neoplatónica del S. XVI las relaciones místicas más elevadas. Dios penetra el alma como la luz en el cristal: " Dícese el Espiritu Santo resplandeciente como cristal por que revela el Espiritu Santo a sí mismo a los santos todas las cosas, como el cristal que luce, le muestra lo que tiene en sí; y propia cosa es del amor revelar y descubrir los secretos entre los que aman."(154).

"Ya no queda sino la décima manera de recoger en uno a Dios y el ánima que por esto se ha unido "santo" a escoger en sí; lo cual de verdad se hace cuando la divina claridad, como en vidriera cristalina, se infunde en al ánima, enviando delante como sol los rayos de su amor y gracia que penetra en el corazón siendo en lo más alto del espíritu primoroso recibido" (155).

En el simbolismo neoplatónico el sol representa la posesión de la plenitud de una virtud, que no se agota; sol que no se traspone; resplandor que alegra; claridad que alumbra e incha de alegría el cielo (156).

Aquí la posesión de la Suma Hermosura increada, desparramada en infinitos rayos en hermosuras creadas, que son partícipes de esa increada Hermosura.

Así los ángeles, los seres más perfectos cercanos a Dios, serán como piedras preciosas puestas al rayo de sol, cada uno representa otro sol, que relumbra poco menos que el del cielo.(157).

Y Dios es "el Sol de infinita Belleza, amante eterno de sí mismo".(158). Y "sol resplandeciente, hermosura infinita, espejo purísimo"(15)9.

Y de las otras santas mujeres, cuyo resplandor como de estrellas, las escondió y encubrió el claro sol de María. I, 8.

Esta luz diáfana "que jamás falta", (160), llena el "vaso transparente del alma humana" que se admira, y se desea, y se espanta del resplandor de la soberana luz, luz encerrada en vaso de cristal (161). Recuerda el poema Crystallus de Orfeo (162):

Crystallum splendentem pellucidum accipe manibus.

La llama-fuego.

El elemento fuego en la Edad Media inspiraba un sentimiento de pavor. Recordaba al cristiano la amenaza del infierno y la pérdida del cielo como castigo divino.

El sol es fuente de luz y de calor. Por eso este elemento para el místico le parece el símbolo del amor por excelencia.

Expresa los matices más deliciosos y efectos más violentos, suavidad calurosa, purificación del sufrimiento, fusión del temor y de la esperanza, centella de emoción... llamada deseo, brasa viva de herida de amor, abrazo total del cuerpo y del alma en el incendio de la pasión. La que en el Boscán espiritualizado "es suave amor que enciende el alma"; en S. Juan de la Cruz es "llama que tiernamente hiere", el "cauterio suave, la "regalada llaga".

Como razón de su simbolismo Ludolphe cita a S. Jerónimo: El Espiritu Santo purifica por el temor, une y funde por la piedad, embellece por la ciencia. La ley de amor de Francisco de Osuna completa esta interpretación alegórica. El Espíritu Santo ha escogido este símbolo por que fusiona las voluntades más diversas- arde siempre de amor- y como llama se eleva siempe hacia el cielo. El Padre está representado por el Sol; el Hijo, por la luz; y el Espíritu Santo por el calor.

El autor de la Imitación también no ha podido definir el amor, sin recurrir a la llama.(163).

El efecto más profundo simbolizado por este fuego divino es el de la purificacion del alma.

El fuego tiene esta propiedad que aparta las cosas diferentes y junta las semejantes; y así el amor encendido de Dios admite y da lugar a lo bueno; y ahuyenta y alcanza lo malo y contrario a la santidad¨ (164).

El fuego expresa además un sentimiento y sensación de la presencia divina en el recogimiento místico: "Qué diremos de la gracia que en este doble ejercicio se suele sentir y en él se inflama la voluntad en tal manera que dentro del pecho se siente un fuego tan apacible que decir no se puede, fuego harto semejante a los de acá, salvo que no da pena alguna, mas antes aplace tanto que desea encender las entrañas y corazón"(165).

En Malón aparece también esa expresión del amor por medio de diferencias a efectos términos del fuego. Pero se singulariza la nota de suavidad; es un fuego vivo "su amor y llamas más vivas que las del fuego que quema el cuerpo¨, mas el ardor abrasa el alma"(166).

Es un fuego que puede tener grandes dimensiones hasta llegar a ser fragua de amor divino, "teniendo su comienzo en la centellica que es luz, fuego" y en los espíritus bienaventurados heridos y rayados con aquella inmensa fuerza del amado eterno, Dios, se parece otra fragua de amor divino y cada uno parece un Dios digno de ser amado (167). Es el amor quien hace a los espíritus celestiales "arder con un sabroso fuego" mirando a Dios fuente del amor" (168).

La definición de amor como fuego-hielo, es fórmula que encentra en autores del S.XVII entre ellos Quevedo.

El P. Malón lo desarrolla así: "arden y hiélanse en un punto como los que tienen cición de terciana, hiélanse por que los desampara el calor propio; arden por que son encendidos con el calor del soberano rayo y por que a la frialdad se le sigue el temor y al calor, la osasdía, por esto son cobardes y animosas. Temen perder los que aman y tienen ánimos para acometer grandes cosas por el amado " (169).

"¿Cómo el hielo no amará al sol?" (170). Son expresiones de la magia amorosa (171).

La noche oscura: la fauna.

Ya para el adaptador de Garcilaso la noche oscura es la falta de la luz divina, ausencia de la iluminación del alma en gracia (172).

"Érades, dice S. Pablo, negros; érades otro tiempo tinieblas, es lo mismo, por que las tinieblas son negras; érades pecadores, ahora sois Juan Blancos en el Señor y sois luz, hijo de la luz" (173).

La lucha entre las tinieblas y la luz, símbolo ya bíblico, es símbolo de la desarrollada entre la gracia el pecado.

El estado de alejamiento del alma - aversio a Deo- en Santo Tomás trae otra compración de la vida del alma en el alma en tinieblas, es habitada por animales nocturnos y monstruos.

El concepto es sacado de los animales de la mitología clásica y de las descripciones bíblicas de los endemoniados. En Santa Teresa ocupan los fosos del castillo de la perfección..

En Malón se halla una enumeración rápida pero expresiva: "allí ocurren los demonios por que en el alma vacía viven siete, como dice el Señor en el evangelio, allí los onocentauros, los sátiros y faunos que llaman pilosos o vellosos, dan voces unos a otros; esto es, habrá gran abundancia de animales espantosos, lamias y otros muchos; por que un alma en pecado es ejido y dehesa de demonios y vicios" (174).

Pero también ocurren otros símbolos de animales:

LAS AVES:
1.- El Aguila potencia de vuelo para transportar su presa.
2.- El ruiseñor: despreciado por su pluma parda, pero de bello canto (175)
3.- La alondra: se eleva hasta el cielo para cantar.
4.- La paloma, portadora del ramo de olivo , nos da eterna confianza.
5.- La Tórtola:"allí la tortolilla, ejemplo de un amor casto y sencillo.."
6.- La golondrina: parlera con el pico, artificiosa, junto al ave divina, fabrica su casa presurosa. (176).
Entre los insectos:
a.- La abeja: "el amor es como la abeja que de cada flor saca la miel para su colmena" (178).
b.- Insectos son las gracias divinas que enriquecen el alma de goces y perfecciones.

Temas de tradición castellana.

En este epígrafe reunimos   los temas más generales desarrollados a través de toda la literatura sobre todo en Cancioneros que, de alguna manera, se relacionan con el tema del amor místico y que han influenciado la obra de Malón de Chaide, la conversión de la Magdalena.

Enumeremos los temas de :
- el suspirar por el amado
- tema de contrarios; prisión-libre
- la soledad,
- ausencia
- amor imposible

1.- El tema de "suspirar"

> "Suelen los que aman suspirar y alegrarse: suspirar por que pierden a sí mismos, dejando de ser suyos, gózanse, por que se pasan a otra cosa mejor, que es Dios"(179).

Es un suspirar optimista y tranquilizante a diferencia del mundano que angustia y recela.

2- El tema de los contrarios.

> Ya hemos visto el tema ¨muerte-vida, "fuego-hielo". Basta recordar el de "siervo-libre"; "libre-sin libertad", que a su vez es ilustrado con la comparación de las mariposas que vuelan en torno a la llama: "enajenadas, libres sin libertad, presas sin prisión como las mariposas a la llama allí se encienden y no se queman, arden y no se consumen; apúranse y no se gastan"(180)

3.- La trenza del Cantar es aquí "madeja de oro"(181).

> "Enlazátemelo con la madeja de oro de vuestro cabello", que se convierte en un lazo libre de amor; "están rendidos (los ángeles) a aquella divina, pura, antiquísima hermosura de Dios"; llévalos el amor enlazados y presos de un dulce y libre lazo de amor para que torne a la fuente y principio de donde salieron(182).

4.- Es el rayo, la centellica, la chispa que recuerda al alma el origen del amor según la teoría neoplatónica

5.- La soledad

Este gran tema de la literatura es tratado con color puramente bíblico; lo llevaré a la soledad y le hablaré al corazón. Determina apartarse a un desierto a donde a sus solas pudiese gozar de la contemplación de su amado.(183). Recuerda su desarrollo el de Berceo en ¨Santa Oria¨:

6.- La espera:

El tema de la espera es probablemente el de más efecto lírico, adornado con toda la pompa, de un tono oratorio.

En el "Collar de la Paloma" se hace una hermosa descripción del amor que espera al borde de la noche la luz del amante:

"¡Hasta la noche estuve esperando verte!, ¡Oh deseo mío!, ¡Oh colmo de mi anhelo!,

pero las tinieblas me hicieron perder la esperanza, cuando antes, aunque apareciera la noche, desesperaba de que seguiría al día".

"Tengo para ello una prueba que no puedo mentir, pues por muchos análogos nos guiamos en asuntos difíciles y es que, si te hubieras decidido a visitarme, no hubiera habido tinieblas. Y la luz-tu luz- hubiera permanecido sin cesar"(184)

En Malón de Chaide y toda la mística aparece el tema con los térmnos invertidos. Es Dios quien espera (recordemos el soneto de Lope de Vega). Es Dios amante, quien espera. "Que parece que siempre S. Pablo va sacando a Dios de sospecha de apasionado por alguno, y que siempre va cargando la culpa en el que se condena: y por esto lo espera con tan larga paciencia, como para mostrarle que hace Dios lo que está de su parte"(185).

> Desarrollado en un soliloquio del amante, forma notoriamente agustiniana, la Magdalena es la que se pone en camino y pide que la espere:
> "A Tí voy, fuente de vida eterna, yo me pondré en tus manos y pues ellas me hicieron, ellas me remediarán. Espérame, dulce Jesús, no huyas de tan gran pecadora, espérame que voy a Tí" (190).
> Y sigue el diálogo con la referencia al misterio de la cruz; ¿si huye?. No hará, que en un madero me espera el buen Jesús, por mí enclavado y el corazón rasgado para esconderme (191).

8.- Dulce silbo:

> Aparece, pues este Dios apasionado que espera con el misterio de su predestinación y de su misericordia- que hace fuerza envuelto en las dulces señales del amor: el silbo suave como el trato en soledad la música lejanamente recordada.
> "Es tanta la alegría que mi alma siente en acordarse de mi Dios que el crazón no me cabe en él de contento y así es fuerza que se dilate la alegría por el pecho; no queda potencia en mi alma ni sentido en mi cuerpo en que no ande un sonido dulce de alegría."(186).

9).-Recuerdo de la palabra oída;(187)

> ""Oye la Magdalena la palabra de Cristo, cotejó lo que había hecho con lo que había

oído y conoció que iba errada¨. Esto es el "ut cognovit". (188)

10.- Trato en Soledad:

"Pero dame licencia, oh buen Jesús, para descansar a mis solas en mis ratos contigo y entremos en cuentas los dos, y pon tu misericordia de mi parte para que pueda yo quedar con victoria". (189).

Queda desarrollado en un soliloquio del amante, forma netamente agustiniana: la Magdalena es la que se pone en camino y pide que la espere. "A tí voy, fuente de vida eterna; yo me pondré en tus manos y pues ellas me hicieron, ellas me remediarán. Espérame, dulce Jesús, no huyas de tan gran pecadora; espérame que voy aTí" (190).

11. Otros temas:

a.) El balteus militaris (192)

b.) Militia hominis super terram y la peregrinación de la vida del hombre que nos obliga a estar ceñidos y "en plan de combate" (193)

c.) La voluntad salvífica de Dios que condiciona nuestra libertad, nuestra salvación o perdición ¡Oh Israel! Solamente te nace a tí mismo(194).

d.) El tema del alfarero.

Vaso escogido en Saulo para mí" 195).

Cfr. Vosler: La soledad en la poesía spañola.

VII. EXPRESION ESTILÍSTICA:

Recursos estilísticos: EL RITMO

El saber dar ritmo y elegancia a la frase ya era preocupación de autores anteriores a Fr. Luis y a Malón de Chaide. Fr. Luis de Granada abre el camino para las oraciones "torcidas y largas", desentendiéndose de la sencilla, por que cree que cuanto más larga, tanto es más elegante.

Amado Alonso señala el recurso rítmico de A. De Guevara: el paralelismo.
Fr. Luis de León proclama la necesidad de un mayor reajuste con la teoría clásica sobre el ritmo(236).
Recordemos que en el mundo clásico (y en nuestros primeros orígenes de la lengua) el verso fue
destinado para el canto y la prosa para ser declamada. Su ritmo estaba en la música. Al desaparecer esta se ve en la necesidad de llenar ese vacío de otra manera. Lo halla en la recurrencia del verso o en la estructuración del período. Así se explica esa ametría de poemas nacidos para ser cantados por el juglar..
La noción de ritmo, a partir de ese momento, se va acomplejando cada vez más.
El verso moderno ha sido calificado numerosas veces

como arrítmico por el hecho de ser amétrico. Ya Cicerón decía de algunos versos de su época que parecían prosa sino los acompañaba la flauta. Luego no siempre han estado claras las fronteras entre verso y prosa. Así el ritmo viene a estar constituído por una sucesión o espacios (la cantidad) ordenados en una fluencia temporal (duración).

El ritmo pasaba así a estar constituído por una seriación, por ejemplo de metros. Ritmo y metro eran cosa distinta. El ritmo puede estar constituído por metros, pero no es ritmo todo metro.

También puede dar lugar al ritmo: el timbre y la intensidad. Pero no queda reducido el ritmo a efectos fonéticos o acústicos, hay también ciertas representaciones, imágenes, o estados efectivos a lo largo de la obra poética que pueden producir efectos de recurrencia, tan densos como los que se tienen por la rima, el metro o los acentos..

Noción de Ritmo.

Etimológicamente todas las palabras con el sufijo – θμος sugieren una idea de medida calculada o calculable exactamente.

αρ – θμος (αραρισκω): Pacto basado en una medida de igualdad de deberes y derechos.

Στα – θμος (Peso (medida de balanza)
              Etapa de longitud conocida

αρι – θμος Número de αιρω : Levantar porque el maestro en la escuela levantaba del montón un puñado de piedrecitas para enseñar a contar.

Pυ – θμος fluencia de PεEω : ρεω fluir) es un correr según orden perceptible y contable .En la palabra ritmo va implicado ese sentimiento de orden, repetición sucesiva.

Ese fluir conforme a medida que los griegos llamaron ¨ritmo¨ y los latinos tradujeron por ¨número¨; y por común acuerdo nace de ordenada sucesión de tiempos;

supone una simetría que a la vez es una ordenada continuidad de espacios. He aquí, pues, que el mismo fenómeno revela una doble naturaleza, según se le considere en el tiempo o en el espacio. Tanto la sucesión de tiempos como de espacios obedecen a leyes. La ley de alternancia de sonidos y silencios o pausas desarrolladas en la serie continua, la ley de la simetría reconocible en la coherencia de espacios también seriados; la primera con base temporal, la segunda con base espacial. Entre las dos hay una relación común. Esta relacióm hará que la serie de igualdad de tiempos percibidos por el oído, sea transferible en igualdad de espacios.

Desde antiguo las formas de dicción poética se redujeron a tres:
επη : Ρυθμοι : μετρα .
La forma primera fue pronto absorbida por las otras dos; quedando sólo: ritmoi y metra. Estos pasan a indicar la medida de los ritmos. Y los ritmos son concebidos con ordenación sucesiva de metros.(Consultar el cuadro sinóptico de la mérica latina, al final de este trabajo).
Ritmo y metro suponen un concepto distinto pero no opuesto. Los metros son múltiples, el ritmo es uno. Un ritmo puede estar constituido por metros pero el ritmo no siempre está constituido por metros; como elemento espacial el metro es elemento perceptible. (239)
Los ritmos métricos ειδη , ο γενοσ (figuras o generos) han sido muy discutidos entre los teorizantes y gramáticos, aunque no tanto en lo que especta al concepto como a la terminología, tratando de conciliar la de algunos gramáticos anteriores a Aristóteles. En resumen podemos decir que aunque no coincide la terminología exactamente, sin embargo podemos señalar tres géneros:

1.- Yámbico, con ritmo ascendente

2.- Dactílico, con ritmo descendente

3.- Peánico, con ritmo mixto

El tercer ritmo, Rademacher lo quiere identificar con el espondeo. Pero la mayoría lo identifican con el metro (– v –), buscando un ritmo intermedio, según donde se ponga la cesura (– v ; – – ; v –) resulta ritmo ascendente o descendente.

Sin embargo la tradición postalejandrina usaba para el ritmo peánico (ηρϖος ο   παιϖνικων)
el exámetro dactílico cuando cantaban los "trabajos" de los héroes de la poesía lírica.

Con esto queremos decir que lo que hay que buscar en la poesía latina son los ritmos no los metros. Estos pueden coincidir o no.

Ritmo y número en S. Agustín

El concepto de ritmo dentro de un sistema filsófico como el platónico o el agustiniano adquiere una dimensión y un sentido más profundo. S. Agustín distinguió con claridad varios caracteres de belleza. Entre ellos vió también la armonía. Sobre esta cualidad levanta su sistema estético: armonía en el reposo y armonía en el movimiento. Revive y cristianiza conceptos armónicos de los pitagóricos. El universo es " un inmenso y perfectísimo canto de inefable modulador". Así el número agustiniano, según el aspecto en que se le mire, es la forma, idea y razón eterna , suprema de las cosas; el que fundamentalmente las constituye verdad o esencia, bondad y perfección propia, modo, proporción, armonía y belleza; el que les da el ser y existencia y con él, la buena disposición, virtud o poder de desenvolverse y perfeccionarse, si son perfectibles, siendo así también su ley y el que las ordena sabiamente a su fines, resultando de ahí el orden y música univesal dentro de la unidad y totalidad del universo.

Pero S.Agustín llega a enseñar que la armonía puede existir en las partes imperfectas, si estas se consideran con relación al todo; más aún, en el mismo pecado y en el mal seria aplicable por esa inclinación a buscar la armonía, pero en este caso sería una armonía aparente.

Entendido de esta manera metafísica el número, la inteligencia humana puede fácilmente ascender de los números temporales a los eternos; de la esencia y ser de las cosas contingentes y mudables, a las esencia y existencia de un ser inconmutable, número sin número, eterno, unidad suprema, aspiración y fin de todas las cosas, inteligencia, sabiduría y razón eterna de todos los números, de los mudables, temporales y de los inconmutables y eternos. (240).

Ante todo, el número se ha originado para servir de medida, en lo posible exacta, de la cantidad, ya continua ya discreta; ya continua, permanente o coexistente con el espacio que constituyen los cuerpos; ya discreta, fluyente o sucesiva, como el tiempo que es a la vez el número y medida del movimiento.

Por el número el movimiento universal es rítmico, numeroso, ordenado; el ruido se convierte en sonido; el grito en canto; el verso o el período, acabado y perfecto. (De música,1,6,c.13).

Este mundo numeroso pone en actualidad lo agustiniano a la vez que nos deja ver más de cerca el helenismo clásico. S. Agustín vive una época paralela a Fr. Luis de León; En uno y otro caso el cristianismo trata de incorporar a su literatura la pagana o renacentista.(241).

Fr. Luis escuchaba en su interior esa música extremada que le era resonancia de otra más alta armonía, de donde le venía ese sosiego interior y silencio de sus pasiones.... y el alma se despierta y se reconoce y descubre la armonía del mundo(242).

Ritmo prosaico.

Aristóteles define la prosa "un lenguaje que sin tener metro, no está desprovisto de ritmo". Atribuye el metro esencialmente a la poesía. Pero, hoy día, la existencia de la poesía amétrica rompe el margen de dicha definición. Llegamos a un campo borroso entre poesía y prosa. Prosa arrítmica y verso amétrico (no arrítmico) se hallan muy próximos; sólo los salvaría la secuencia estrófica: un verso solo o un inciso de prosa rítmica no se distinguirían. Pero tomarían diferencia desde el momento en que la estrofa se ha sumergido en el ritmo recurrente.

Estableciendo un paralelo entre prosa y verso podemos aceptar esta terminología:

Estrofa	Período
verso	miembros (incisos)
Piés (metro)	piés (ritmo medial)
Tiempos (fuerte, débil)	tiempos
Rima	cláusula

Para no hacernos demasiado largos dejamos la historia del período latino que puede verse en cualquier tratado de estilística latina, ya que es un punto muy tratado.

Como conclusión diremos que en todo período debe atenderse primero a la estructuración del período ("periodare"): movimiento de balance, o también solía imaginársele como movimiento circular("peri-onta"). Mediante la articulación de los incisos oracionales el período toma longitud suficiente para desarrollar ese movimiento de balanceo y contrabalanceo.

Estos incisos adquieren un ritmo conforme al movimiento que requiera el momento expresivo teniendo un final cuidadamente armónico que es el llamado "cláusula".

Con un ejemplo quedará clara la periodización en el P. Malón de Chaide, pues en él aparecerán casi todas las formas:

"Antes que comience a interpretar a Sofonías
el cual es el noveno en la orden de los doce profetas"
ME PARECE
"¡Oh Paula y Eustoquio!
Que será bien responder — a los que se ríen de mí,
dejando de escribir a los varones,..
POR QUE,
a quien podría dedicar mis trabajos y estudios,
huelgo más de enviallos- y encaminallos a vuestras
manos y en vuestro nombre,
los cuales ahorrarán la murmuración, si mirasen
que Holda,
en tiempo del glorioso rey Josías,
profetizó,
callando los varones,
como cuenta en el segundo de Paralipómenos, y
que Débora,
que fue profetisa y juez de Israel juntamente, ella
salió a la batalla
y fue capitana y caudillo del pueblo de Dios
para dar la batalla contra aquel poderoso
capitán de los cananeos,
llamado Sísara,
y contra un innumerable ejército
que traía;
y esto a tiempo que Barac,
el capitán de Israel,
estaba amilanado de miedo y no osó ir a la guerra sin ella;
por lo cual Débora le dixo"..(243)
A través de este trozo puede verse el eslabonamiento de
cada inciso dentro del movimiento periódico: unas veces
se usa frase proposicional **"antes que"**, otras el relatico
"el cual", **"a los que"**, **"los cuales"**, **"a quien"**..; o la frase
absoluta con un gerundio **"callando"**, **"d**ejando**"**; o por
una frase absoluta con participio pasivo **"llamado"**, ; o con

un ablativo temporal **"en tiempo de "**, o una frase apositiva **"el capitán de Israel"** y por último las conjunciones y frases interjectivas.

No es muy frecuente este tipo en lo que al número se refiere; lo más frecuente es el de 4 ó a lo más cinco incisos..

Sin embargo en oraciones exclamativas y en interrogativas se encuentra la más variada gama de tonos y expresiones. Según que las sílabas iniciales sean átonas o tónicas, así tendrá lugar un ritmo ascendente o descendente, anapéstico o dactílico.

Este ritmo informando todo lo que precede a los acentos finales del inciso, es denominado **"ritmo medial"**. No todos los tratadistas latinos sostenían la necesidad de este ritmo medial (244).

Según el aserto de que todos los ritmos son iguales, tendremos que los ritmos latinos valen igual para dicha lengua que para los romances. Hallaremos un ritmo dactílico, de grandiosidad y marcado, y un ritmo anapéstico o yámbico, más ligero y de mayor fluidez.

En latín se señalaban, como más aptos para la poesía, los piés de 3 y 4 tiempos, para la prosa, los de 5 tiempos eran considerados como más aptos. Esta conveniencia se basaba en que el verso requiere más dar la sensación de insistencia rítmica (de ahí su nombre-verso) y para ello escoge los ritmos marcados y lentos.

Pero aunque los ritmos sean iguales los metros cambian. Tanto Cicerón como Quitiliano, como S. Agustín señalan para la prosa el pié báquico como el más usado en la prosa suelta y movida.:

$$v - \quad - \; / \quad - \; v \quad - \; / \quad - \; -$$
a mor mag - nus la - bor   nullus
(Báquico)   (Crético)

Como se vé , con frecuencia al báquico seguía el crético

Si examinamos con figuras rítmicas la poesía y la prosa del P. Malón de Chaide veremos con sorpresa que se mantiene en esta teoría del ritmo; hallamos como pié mas usado

$$- \text{v v v} \quad \text{(Peónico primero)}.$$

$$\text{V} - - - \text{(Epitrito 1)}$$

según que se tome el ritmo ascendente o descendente o movidos.

Para ritmo más marcados usa los de tres tiempo:

$$- \text{v (troqueo)}$$

$$\text{v} - \text{(yambo)}$$

Un término intermedio tienen los de 4 tiempos:

$$- \text{v v (dáctilo)}$$

$$\text{v v} - (\text{ anapesto})$$

El pié crético es reemplazado por el de 4 tiempos:

$$\text{v} - \text{ v (anfíbraco)}$$

El "cursus o cláusula". Se llamaba así a frases moduladas para indicar la cadencia final de la frase. De los estudios hechos sobre el uso del cursus en Cicerón y en S. Agustín se han sacado como más usados los siguientes:

I.- Cusrsus tardus:

a). - ´- v – / - ´- v – Doble crético

II. Cursus velox:

b) - ´- v – / – v - ´- v Créticodicoreo.

c). - ´- v – / v – – - ´- – Crético epitrito 1°

d) - ´- v – / – – - ´- – Crético dispondeo

III. Cursus planus

e) - ´- v – / - ´- – Crético espondeo

f) - ´- v (v v) / - ´- – Sustityendo a). – = (v v)

g) – v - ´- / v v - ´-

h) - ´- v – / - ´- v Crético troqueo

Al pasar del acento cuantitativo al intensivo el cursus lo hace de modo que entre los dos acentos quede igual número de tiempos átonos a cada lado de la cesura.

I. Cursus tardus: v´ v / v v´ v v

II. Cursus velox.   v´ v v / v v v´ v

III. Cursus planus   v´ v   / v v´ v
   (Verso adónico) - ´- v v - ´- v
                   v´ v v / v v´ v
                   v´ v v / v v v´

El más usado es el cursus planus, siguiéndole luego en frecuencia el velox.

R i t m o y v e r s o

Para ver mejor el uso métrico analizaremos su poesía, donde nos es más fácil fijar los acentos rítmicos. En ella mantiene el tono lírico usando el peónico en toda su gama, pero sobre todo los segundos y cuartos.
Tradución del Salmo 83 (245)

Estrofa: aBaB.
Qué amables tus moradas
      v - ´- v v / v - ´- v
Señor de los ejércitos del cielo,
      v - ´- v v / v - ´- v v / v - ´- v
del alma deseadas
      v - ´- v v / v - ´- v
que desmaya en pensallo desde el suelo
      v v - ´- v / v - ´- v v / v - ´- v

Alégrense en Dios vivo

    v - ´- v v / v -´- v

mi corazón, mi carne que, movidos

    v v v -´- / v -´- v v/ v -´- v

de aquel ardor nativo

    v -´- v -´- / v -´- v

de estar contigo, dan por Tí gemidos

    v -´- v -´- v / -´- v -´- / v -´- v

Estas combinaciones las hallamos en todas las demás poesías:

Véase la tradución del Capítulo cuarto de Amós:

    Estrofa: abC abCc deeD fF

La del Salmo 103

    Estrofa: abC bCc   deeD fF

Salmo 119 de David

    Estrofa : aBabB.

Salmo 97

    Estrofa: ABBA, ABBA DEF DEF fGG

Dámado Alonso en su libro "Del siglo de Oro a este siglo de siglas" nos ofrece un soneto estrambótico estructurado igual que este soneto de Malón. (246).

Ritmo interno

Como cosa de interés señalamos una poesía de rima interna:

Camina miserable, date **priesa**

    v -´- **v v** / **v** -´- **v** / -´- **v** -´- **v**

a la tiniebla **espesa** , a llanto y **fuego**

    v v v -´- / **v** -´- **v** / -´- **v** -´- **v**

a las furias sin **ruego**, a las culebras,

    v v -´- v / v -´- v / v v -´- v

a las hermanas **negras**, mal **peinadas,**

95

v v v - ´ - /   v - ´ - v / - ´ - v - ´ - v
a las tristes **moradas**, a **tormento**,
v v - ´ - v /   v - ´ - v / v v - ´ - v
a dolor sin **cuento**, a los **temblores**,
v v - ´ - v /   v - ´ - v / v   v - ´ - v
de dientes y a **mayores desventuras**,
v - ´ - v v /   v - ´ - v / v   v - ´ - v
a teribles **figuras**, y **espantosas**,
v v - ´ - v /   v - ´ - v / v   v - ´ - v
a voces **dolorosas**, horcas lazos,
v - ´ - v v /   v - ´ - v /   v   v - ´ - v

Esta misma rima se encuentra en la traducción del salmo 90 (247).

Como se ve los metros y la figua métrica del ritmo es perfecta y conserva el eje simétrico de la rima.

Si ahora examinamos un trozo de prosa veremos cómo se conserva ese mismo eje rítmico; pero en vez de ir sobre la rima (ritmo de timbre) irá sobre lo que los latinos llamaban cursus o clausula.

Así distribuimos en sus respectivos incisos el período con que condensa la parte primera de la Conversión de la Magdalena.

1.- Cuando el Gran Monarca y Padre del cielo (11 sílabas)

2.- quiso comunicar su belleza y gloria en tiempo (14)

3.- siendo infinitamente sabio / y siendo fuente de amor (9+ 8)

4.- de donde nace todo el bien de las criaturas (14)

5.- para hacellas bienaventuradas / a cada una en su tanto (10+7)

6.- viendo que fuera dél / no podía haber felicidad alguna (7+ 11)

7.- determinó de hacerse fin de todas ellas (14)
8.- y que así como nacían de Dios (11)
9.- así también fuesen a parar en Dios (12)
10.- y hasta llegar a ese punto (8)
11.- ninguna de todas ellas tuviese perfección (14)
12.- y por el mismo caso, / ni reposo ni bienaventuranza (7+11)

Y su esquema o figura rítmica es:

1	v v -´- / v -´- v -´- v / v -´- v	Cuando el gran monarca y Padre del cielo
2	-´- v v v / v -´- v / v -´- v / -´- v / v-´- v	Quiso
3	-´- v v / -´- v / -´- v /-´- v	Siendo infinitamente sabio Siendo fuente de amor
	-´- v / -´- v v -´- /	
4	v v v -´- v / -´- v / -´- v v / v -´- v	De donde nace
5	v v -´- v / -´- v v v	Para hacellas bienaventuradas A cada una en su tanto
	-´- v / v v -´- / v v -´- v	
6	-´- v v / v v -´-	Viendo que fuera dél No podía haber felicidad alguna
	v v -´- v / -´- v v / v	
	-´- / v -´- v	
7	v v v -´- / v -´- v -´-	Determinó de hacerse Fin de todas ellas
	v v / v -´- v	
8	v v -´- / v v v -´- / v	Y que así como nacían de Dios
	v -´-	
9	v -´- v -´- / -´- v v /	Así también fuesen a parar en Dios
	v -´- / v -´-	
10	v v v -´- v / v -´- v	Y hasta llegar a este punto
11	v -´- v v / v v -´- v	Ninguna de todas ellas Tuviese perfección
	v -´- v / v v -´-	

12   v v v -´- / v -´- v   y por el mismo caso
v v -´- v / v -´- v v / v -´- v Ni reposo ni bienaventuranza

Si observamos las figuras del ritmo poético vemos que se ajustan con bastante facilidad a esquemas métricos latinos, (no a todos). Hay un predominio de los piés (v -´- v) anfíbracos; (v v -´- v), peónico 3; (v -´- v v) , peónico 2 y dáctilos (-´- v v).
Pueden compararse estas conclusiones con las que saca el Dr. Blecua en su introducción a la obra de "Las trescientas". Igualmente puede verse la coincidencia con lo que dice Carlos Bousoño sobre el uso y frecuencia del metro (v -´- v) cuando habla de los ritmos continuados en la obra poética Vicente Aleixandre. (248).

En la prosa castellana no podemos decir otro tanto.Si observamos el cuadro anterior resulta que tenemos que concluir lo mismo que concluiríamos de la prosa latina; que las figuras métricas (poéticas) pueden o no pueden darse, pero nunca podrán repetirse con la insistencia con que lo hacen en el verso. Es más, el hecho de darse, en la prosa sería más bien defecto, por la monotonía qie engendraría. Es un error buscar para la prosa esquemas rítmicos que se ajusten a los pies métricos grecolatinos, si esto se entiende con la rigidez con que lo exige el verso. Pero sí observamos que la fluencia de la prosa depende de los espacios átonos que haya entre dos cumbres tonales concluiremos(como lo hicieron ya los latinos) que la prosa que mejor suena será la de cinco tiempos, cuyos grupos rítmicos más frecuentes son cadenas métricas como estas;
(v v v -´-),(v -´- v), (-´- v v v) ,(v -´- v).

De ahí que ya en la poesia latina intensiva existía la norma de que entre las dos tónicas hubiese número par de átonas.

Por otra parte el cursus latino fue imitado por Valdés y Fr. Luis de Granada.

Malón de Chaide también tiene muchas de sus frases ajustadas a los esquemas del cursus.

Así en:

1.- padre del cielo (cursus planus)

2.- gloria en tiempo (igual cursus planus)

3.- fuente de amor (cursus planus, suponiendo un tiempo vacuo por agudo final)

En los tres casos sigue el esquema del verso adónico.

En el ritmo medial está lo oscuro y difícil, porque no puede limitarse a esquema fijo pues dejaría de ser prosa y se convertiría en verso.

Con todo, así se puede hablar de un ritmo - distinto de metro- aunque no se pueda concretar un esquema fijo. Ese ritmo tendrá uno de los tres movimientos: ascendente (yámbico),descendente(dactílico), o los dos combinados.

Ritmo de pensamiento

Al lado de este ritmo de intensidad debemos poner otro más íntimo y a la vez más importante para la prosa. Viene a ser un complicado juego de ajuste entre el pensamiento y las expresividades de la lengua. Amado Alonso la define diciendo que es aquel cuyas variadas sensaciones corporales están provocadas por la marcha del pensamiento idiomático.(249).

Con el pensamiento de Fr. Luis diríamos que es un ir pesando y ordenando los elementos y sus relaciones entre sí. Para que sonando, digan más claramente y con más intensidad.

Para lograr este ritmo interno del período se vieron obligados los antiguos retóricos a exigir en la frase cierta longitud. Las formas de amplificación era uno de los primeros ejercicios básicos del aula retórica.

D. Alonso al considerar la estructura de la prosa (del Siglo de Oro) (250), usa otra terminología: habla de pluralidades, conjuntos semejantes, sintagmas progresivos o no progresivos.. Y considera como una necesidad rítmica esa amplificación de sintagmas o prolongación en infinitas enumeraciones o pluralidades. Es en ella, en la prosa del siglo XVI, donde un modo de infundir ese balanceo o desdoblamiento le da ese sentido de reposo y ecuanimidad. Parece– dice Dámaso- como si el período tuviese miedo a quedarse cojo y tuviese que bifurcarse necesariamente.

A m p l i f i c a t i o.

En ella nos fijaremos principalmente en la correlación y la enumeraión. El tono oratorio y declamativo de la Magdalena se mueve continuamemnte en ese ondular prolongado por dichas figuras.

La Enumeración

La enumeración en sintagmas no progresivos, es deir, en elementos oracionales que desempeñan la misma función sintáctica:

1.- Acumulación de sujetos:

" ¿Qué otra cosa son los libros de amores y las Dianas y Boscanes y Garcilasos, y los monstruosos libros y silvas de fabulosos cuentos y mentiras de los Amadises, Floriseles y D. Belianís, y una flota de semejantes portentos."....?

Es de un efecto retardante la abundancia de conjunciones que mantiene el tono ondulatorio, unido al afán de agrupar los sustantivos de dos en dos. Para no caer en la monotonía rasga ese movimiento con un alargamiento conjuntivo, es decir, poniendo tres en vez de dos sustantivos.

" Escribió Tulio en la lengua que aprendió en la leche, y Marco Varrón y Séneca, y Plutarco y los santos Crisóstomos, Cirilo, Anastasio, Gregorio Nacianceno, y Basilio, y todos los de aquel tiempo".

2.- Acumulación de predicados verbales:
    "..tomóla, miróla, vuelve rota, despedazada, bañada en sangre, medio seca y renegrida, conócela"...
3.- Acumulación de complementos:
    ". y así aprenden las desenvolturas y las solturas y las bachillerías"...
    "...y así parece de un hombre muy caído en la cuenta, ya maduro y viejo y escarmentado en propios daños"..

No menos elegante es la enumeración siguiente.
".callo los claros poetas cristianos, Prudencio, Teodulfo, Fortunato, Paulo Diácono, Cardenal, y a Elpis, mujer del mártir Severino Boecio"...

En ella aparece la enumeración anunciada en un primer complemento, que es desarrollado a continuación.
Hay momentos en que el autor destaca las distintas facetas apartándolas entre sí sin enlace en el asíndeton; para destacarlas más marca el comienzo de cada faceta repitiendo la misma palabra: es la anáfora.
Para mejor destacar la repetición anafórica podremos en columna los incisos:

"Oh, quién viera a Maria hecha ya amadora de Jesús.
    Amó mucho

ya María se deja a sí
ya se olvida de sí
ya no vive en sí
ya la Suma Bondad la mueve sin moverse
ya la Hermosura Eterna la tira a su centro.

"Hicístenos, Señor; para Vos
       para gozaros a Vos
       para amaros a Vos
y así nuestro corazón jamás hallará descanso
       hasta que volvamos a Vos".

" ¿ Quién no verá que una desenvoltura demasiada
       un poco recatado en la vida
       una libertad en el trato
       y un cerrar con lo que en los hombres
pueden decir, que todo esto junto es ocasión a que las
lenguas libres se desmanden.
       y que encaramen   y aseguren sus sospechas
       y las tengan por certeras?".
" ¿ Quién ha derrocado el culto divino
       abrasado los templos
       asolado los monasterios
       quemado los altares
       profanado los lugares santos
       regado el suelo con sangre de católicos
       sino el deseo de libertad en este vicio ?".
"No dice que tomaba la hacienda ajena
       ni que dejaba de pagar al labrador
         que suda en labrar sus heredades
       ni que detenía el salario de sus criados
       ni que gustaba su hacienda con mujercillas
         no era homicida , blasfemo, jugador
       ni enemistado

sino que vestía, comía y se traía algo más costosamente
y por esto
y por que no dió limosna le condena".

" ¿ Qué se hará y qué se alegará contra vos que profesais la pobreza de Cristo y su evangelio
Vos a quien os han predicado los paños pobres
y las pajas de Belén en un establo
vos a quien os han dicho el vulpes foveas habent..
Vos a quien os han predicado que le dieron al hijo de Dios y una mortaja de limosna
y que de puro pobre comía pan de cebada.
y que aún para pagar la moneda de la alcabala no se halló con una blanca"?.
Con estos ejemplos ordenados conforme al movimiento oratorio y enfático se ve bien la variedad y el efecto de esa variedad en el recurso de la anáfora.

E n u m e r a c i ó n : a s p e c t o s.

En las enumeraciones podemos apreciar un carácter antitético o climático:

1. A n t í t e s i s.

"Yo a ofenderos y Vos a perdonarme; yo a esconderme y Vos a buscarme; yo, mi Dios, a huiros y Vos a cerrarme los pasos; yo a saltar el seto y paredes, pues ya no más, mi buen Dios, ya no más"..

" Herrmoso cuadro de Cristo azotado, divino, y la Magdalena suelta y profana".

"¿ Qué? , ¿ En tiempo de penitencia , gala? ¿En tiempo de cilicio, seda?. ¿En tiempo de ceniza, guirnaldas?. Oh, locas,"..

".. mas, ¿qué tiene que ver, Señor, Jacob conmigo? El, hombre; Tú,,Dios; él, siervo , Tú Señor; él sirvió catorce años, Tú, treintaitrés; él salió rico de casa de su suegro, Tú, sacrificado de casa de la Sinagoga."....

La forma antitética puede, en ocasiones, ser desarrollada por el sistema de contrarios:
"Vanse aquellas mentes angélicas, atónitas, enajenadas de sí, libres sin libertad, presas sin prisión, como mariposas en la llama"..

2.- E n u m e r a c i ó n g r a d u a d a, C l i m a x.
"..sucedió que sin pensallo, vinieron a manos de mi prelado, viólos y leyólos y mandóme que los sacase a público"..
"..tal era Magdalena , como puerco sucia, vil como lodo, insaciable como fuego, como el viento mudable, como hoja ligera, pomposa como pavón, cruel como tigre, apretada como lazo"..

El ambiente climático avanza de lo externo (sucia vil) a algo más personal y psíquico (lo insaciable) para terminar en lo esescialmente femenino del mundo sentimental (lo mudable,lo ligero, lo pomposo y la crueldad).
Otro de los usos más frecuente es la correlación; la concepción de la obra se presta para ello. Los dos amores-el verdadero y el falso- dan lugar fácilmente para estas membraciones correlativas. Un hermoso ejemplo de bimembración lo vemos en el suiguiente:

"Aprendan **osadia y valor** para las **armas**
crianza y cortesía para las **damas**
fidelidad y verdad en sus **tratos**
y **magnanimidad y nobleza** de ánimo para
perdonar".

En cada inciso se ve la absoluta realación entre esos dos términos; osadía y valor -armas; crianza y cortesía- damas; fidelidad y verdad –tratos; magnanimidad y nobleza –perdonar. Además obsérvese la dualidad en el primer miembro.

Más sencillo es el ejemplo ;
"Pide **sabiduría** el **necio**
Pida **honra** el **ambicioso** soberbio
pida **hacienda** el **avariento** cruel
pida **deleites** el hombre **sensual**
que yo, **Señor**, tu amar te pido".

En él se juntan la fuerza de la anáfora inicial "**pida**"con la correlación; sabiduría- necio; honra-ambicioso; hacienda- avaro; deleite - sensualidad; Dios - su amor. Según la colocación en que lo hemos puesto vemos cierta correspondencia entre las dos columnas; sabiduría, honra, hacienda, deleites, Señor, necio, ambicioso, avariento, sensual, amor (verdadero, divino).

Este ejemplo nos sirve para pasar a hablar de la correlación plurimembre. En ella las relaciones se complican y se mezclan con otras figuras.

"...como si.. **faltaran** puras **verdades**, sin ir a
mendigar mentiras
.. Como si tuviésemos **abundancia** de
ejemplos famosos de todo linaje de virtud que

quisiéramos, sin andar a **fingir monstruosos increíbles..**"

Como traspasado por un alfiler sigue apartando una linea de referencia entre el concatenamiento de la frase; faltar, abundar, mendigar, fingir, verdad, mentira, ejemplos famosos, monstruosos increíbles.

Un ejemplo más largo y complicado lo vemos en la página 48 (Edición Aguilar).

> "..hablando y dando razón de cada cosa a los que le oían como si fuese un   dios de la tierra y de todas las disciplinas; o como si fuese otro Gorgias Leontino , tan osado que se jactaba.....
> como si cada cual de ellos hubiese visto tanto como un Plinio, o más que Teofrasto Paracelso.
> Y así, ni más ni menos, les parece que pueden juzgar de todo y hablar con tanta liberalidad de lo que les viene a las manos
>> como si en **filosofía** fuesen unos **Aristóteles**
>> y en **moral** unos **Platones**
>> en **teología** unos **agustinos**
>> en **escritura** unos **Naciancenos**
>> y en **lenguas** unos **Jerónimos**."

3. La correlación.

La correlación está mantenida con una larga enumeración cuyos términos de comparción se mantienen casi rayando en la monotonía, surtiendo el efecto de insistencia.

Esa membración del período, este doblarse continuamente sobre sí mismo además de prestarse para el énfasis oratorio y el balance de la declamación consiguen una puesta en relieve y una claridad muy marcada sobre las ideas principales que se desarrollan.

Este moverse rítmicamente del pensamiento es muy frecuente en todo el libro; los ejemplos son variados y numerosos. Unos se ajustan más a la forma pura de la correlación; otros, se apartan y entrecruzan dando variedad y color.. Entre estos puede verse el capítulo XII de la parte II.(Ed. Aguilar, p.235. Todo él, es un hilvanado sobre los dos ejes-ideas: Ecce homo-ecce mulier.

4. La amplificatio verborum

Ya la hemos ido viendo en esa constante dualidad unidos por la conjunción. En muchos casos son sinónimos perfectos.

> "Los escondió y encubrió la clara luz de María".
> "Rompe y desmenuza las peñas"..
> " y fue la capitana y caudillo"..
> " peñas y guijarros duros "..
> "Abrásanla en amor y arden sin quemarse"
> "Se nos abrasaba y ardía nuestro corazón."...

Otros no son sinónimos perfectos:
"Esa culpa déxeme a **mí**, que **mía** es y por **propia** la conozco"

En algunos casos es una repetición de palabras o refuerzos linguísticos:

a).- unidas por la conjunción
Tipo:Et terris jactatis et alto, Eneida, I,3, Eglogas, III,109.

107

" los libros de amores, y las Dianas, y los Boscanes, y Garcilasos, y los monstruos libros y silvas de fabulosos cuentos y mentiras"..

b).- repetición de un adverbio:

> "(escribieron) cada uno la suya, y materna , y hicieron bien, y estúvoles bien, y pareció a todos bien"...

> "adonde todos aman, adonde el amor jamás tiene fin"..

c).- repetición de la exclamación o interrogación:

> ""¡Oh Dios dulce, Dios amable; Dios admirable. Y qué maravilloso es lo que Vos me decía".!..

> "¡ Oh pueblo ! ¡Oh alma ! ¡ Oh casa ! ¡ Oh ciudad !"

> "Pues ¿dó la vida pasada?, ¿dó los galanes?, ¿Son por ventura las fieras de este desierto?, ¿ Dó las galas y trajes"?.

> "¿Son este ciclicio de que andais vestida?. ¿Dó las suntuosas casas?.¿ Son esa cueva oscura?, ¿Dó las camas de seda y los colchones de pluma?. ¿Son, por ventura ese suelo duro?. ¿ Dó las músicas y sonetos y letrillas nuevas? ¿Son quizá esas lágrimas y suspiros con que rompeis el aire"?.

d).- repetición musical: (del que es estupendo ejemplo el verso de Juan de Mena:

> " amores me dieron corona de amores")

> "Peor es no escribir que mal escribir".

> "Y de estas a los conciertos y desconcertos con los que se pierden"...

> "Aprenden las desenvolturas y solturas y bachillerías"

e).- La repetición del mismo término al final de cada frase (epanalepsis) da realce a la expresión:

> "abridme, hermana mia, amiga mía, paloma mía"

Este efecto está   en la frase bíblica: veni columba mea, amica mea..

f).- La negación precede a una frase con una intención de poner en relieve el concepto afirmativo:

". No es menos dulce"   "No eran pocas"...

5. A m p l i f i c a t i o R e r u m.

Dan gran solemnidad al ritmo oratorio las frases nominales, las construcciones perifrásticas, relativos, aposiciones;

a). Frases nominales:

> "el gran profeta Isaías"
> "el gran teólogo Gregorio Nacianceno, maestro de S. Jerónimo y doctor griego"
> "el excelentísimo Doctor Sto. Tomás de Aquino"...

Todas ellas son construcciones en que el sustantivo núcleo va articulado con otro sustantivo en aposición (explicativa).

> "a sus más regaladas esposas...
> las dan desventurada vejez"
> " y de ahí vienen ruines y torpes imaginaciones "

Esta es otra forma muy corriente de Malón de articular el sustantivo dentro del movimiento periódico; por razón de armonía hace que preceda el adjetivo, al cual suele añadir algún otro determinante:

b). El hipérbaton suele estar en relación íntima con las exigencias del ritmo del período. Hay bastantes latinismos, sobre todo el poner el verbo al final.

c). Una construcción constante es la que hace con los comparativos:

> "más honestos son que sus Dianas"
> "se sabe mejor hablar que aquellas lenguas peregrinas"
> "otros mejores ojos que los míos"...
> "en cosa tan poca"....
> "pero si cosa tocaren menos buena y no tan bien puesta.".

En estos ejemplos la partícula comparativa del primer término suele preceder a la cualidad o cosa comparada, y precede inmediatamente.

VIII. EXPRESIÓN ESTILÍSTICA:

Recursos de base linguística.

a). L é x i c o.

Es de gran interés ver cómo capta a través de las palabras todas las posibilidades de expresión del lenguaje. Entre ellas destacamos las formas derivativas, que aparecen activas y vivas matizando conceptos por medio de sufijos y prefijos.

A través de este sin número de palabras de interés semántico y fonético veremos la preocupación del ilustre agustino por dar a la lengua el valor que le cabía como a otro cualquier romance.

Ya hemos visto este mismo interés en la elección del tema.; un tema que se presta a sondear infinitos campos literarios y científicos.

Véase; amilanar, alimpiar, apregonar, adargar, apedrear, ahidalgar etc; desquerer, desamor, desalmar, desmedroso, y junto a esto un sin fin de verbos formados sobre sustantivos o adjetivos: aspar (forma de aspa), alanzar, adargar, desollar, degollar,etc.. Podemos hallar formas verbales sustantivadas: ¨el trinque que dice el profeta que hará Dios"; ponerse "galas y dijes"; o compuestos de verbo mas sustantivo: lloraduelos, cavatierra, ganapan, desuellacaras,; y compuestos de dos sustantivos: cuellierguidas, manirroto, faldicorto, Deilocos, fementida. (227).

Nombra la persona por el instrumento que toca: "asentado su real despachó un trompeta" (228)

b). Particularidades léxicas y semanticas

Etimológicamente hay un gran número de palabras con interés histórico semántico o fonético.

De interés fonético:

Drecho: del latín "**directum**", lat, vulgar "**derectum**"; en algunos romances la identidad de vocales permitió la contracción: "**drectum**"(rum.drept, ital. ant. y dial. dritto, fr, droit, oc.drech,cat.y ret. dret . La forma española "**drecho**" se conservaen la zona aragonesa.. Puede tratarse de un aragonesismo, Solo lo usa una vez en verso " camina drecho". Fuera de este caso usa derecho.

Guedellas: "y al león su pelo y guedellas". Es, según Coterminas forma aportuguesada bien documentada en el siglo XVI .

Enedro: por enebro.(Comenta el P. Félix García) Del alt. "Juniperus", lat. vulg. "jiniperus" que da enebro a parte de otros vocablos como: jimbro, zimbro; el cambio de B a D probablemente se debe a un cruce con otra palabra muy parecida y nombre también de planta: anethum , aneldo, "hay por dicha carbón de enedro encendido".

Sarmental: del latin "sacramentum"(sairement) **serment**.. Formas todas documentadas en el francés.(Los juramentos de Estrasburgo): Les Serments de Strasburge). En el P. Malón existe esta forma:"el Sarmental de Burgos"

Palabras de interés semántico:"

Es frecuente el uso de **adjetivo precedido de negación** : no aprendido.

El término **"arambre"**se halla con auténtico sentido etimológico : bronce: "un cántaro de arambre"

Acordar y recordar: aparecen usadas en las acepciones de "darse cuenta" o "despertar": (230) ¿Cómo no me acordé, desacordada, que pasaban los días como viento?..

"a la voz del esposo recordó la esposa de su sueño"..

Acaso : conserva su sentido etimológico : ad casum.(231). "digo que no acaso se inventó esta variación de letras".

Aguaducho: (lat. Aquae ductum) acueducto. Aparece usado como "inundación": "no me anegue el aguaducho de mis pecados" (232).

Abono, que Corominas documenta en 1820 aparece ya en Malón: "los que falto detantas circunstancias de abonos"..

Ca (del lat. Quia) "Dios castigó a los gitanos, ca envió contra ellos la ira de su saña". Esta palabra que era muy usada en español antiguo comienza a ser anticuada ya en el sigloXVI, como dice Valdés en sus diálogos, 104,15.

Carraca: "Noé.. Hace aquella famosísima carraca". Palabra muy corriente como nave muy voluminosa. Pero flota no es usada como escuadrón sino como "grupo de personas o cosas": "flota de semejantes portentos".. 44.. Así ya en Tafur y Fr. Luis de Granada.

Cición: Calentura intermitente que entra con frío (Corominas), de la variante "cesion", y esta tomada del latín "accessio": acceso de una enfermedad. Docm.1340 en Cronica de Fernando IV.

Corchete y porquerón. La primera del fr. Crochet; con la acepción de "gancho" aparece ya en el Universal Vocabulario de A.F. de Palencia(1490) y Nebrija. Enel P. Malón está usada como "especie de alguacil o ministro de justicia" (1580). Y también en Ribadeneira (1611).

La segunda palabra: "**porquerón**" aparece en primer lugar en el Lazarillo (1555), y en Timoneda, "de crochete a porquerón de justicia".

Gomecillo: "el entedimiento es gomecillo y paje". De la parábola evangélica que se tomó el llamar "**lázaro**" al pobre que mendiga su sustento, y lazarino, lazarista, lazaroso a los que guían a un ciego debido a la memoria del Lazarillo del Tomes. A imitación de esto se llamaba gomecillo (de un personaje Gómez), que servía de guía a otro. Corominas lo documenta en el 1691 y lo tenemos antes en Malón.

Huésped: en muchos ejemplos: "esmérase Dios en pagar bien la posada, por que no cabe en ley de buena crianza, posar en una casa y dexar al huésped descontento" (el que lo alojó). "Huésped me ha venido". Como se ve en estos ejemplos, la palabra huésped aparece en su sentido etimológico "el que hospeda" en el primer ejemplo; y como persona recibida en hospedaje, en el segundo (sentido ya no etimológico).

Marfín: los que dormís en marfín:del árabe (hueso de elefante). Primera documentación "**almafil**" del 892. Segunda Doc. de mitad del S.XIII: "**marfil**".Aparece en gallego "ammafide" en 1019,"olmafi en portugués, que en las Cantigas aparece como "almafi". Marfíl, marfim y marfin son formas discutidas. Quizás son un cruce con mármol y alfil.) Corominas).

Mero. "Por su mera y libre voluntad". Este adjetivo, si bien aparece ya documentado en las partida III, IV y en términos jurídicos, sin embargo, como adjetivo de uso general, no aparece hasta finales del siglo XVI.

Menestril: Palabra que Cervantes rechazó como italianismo y apareceen la poesía juglaresca. En el siglo XVI es aplicado al "funcionario imperial".

Pellada: "de una pellada hace un plato" (Del fr. pelote). En la Edad Media se usaba ya la palabra "pella" para designar la pelota de jugar . De pella salió "pellada" y la frase : "arrojar pelladas de yeso a la pared que se está fabricando", que es su sentido y significado. . Del mismo oficio del ollero toma la palabra "mason" (masa) como "bollo" de barro.

Perdulario: "El hijo perdulario"... "No veis que os ha gastao la hacienda, no veis que os ha ofendido, que es un pedulario"... Esta palabra es de sumo interés por que hasta el momento no se conoce otro testimonio. Corominas cita a Pages, que trae el ejemplo de Malón.

Toldado: "no era toldado de brocados, más de lágrimas, y no una sola noche, mas todas lo lavaba con ellas". Este término probablemente introducido en el lenguaje de las narraciones de viajes marítimos, está ya usado por Iñigo de Mendoza (1480). Va derivando a otros usos metafóricos y se aplica al día: "día toldado de muita nebrina".

Trampeador y portazguero: "Mateo era cambiador, trampeador o portazguero". Los dos últimos vocablos son de interés . Trampeador aparece en Gracián (1540), y portazguero en Nebrija, de ahí que pueden ser considerados como primeros testimonios también en Malón.

Debemos también cosiderar las palabras : **regolfo, golfo y regolfar**:

"..y viéndose metido en este golfo y abismo"..."ni me sorba ni trague el golfo de mis maldades".... "parece que el regolfo se traga la rota nave" ... "ven que el navío se sume y regolfa"

El uso de estos vocablos como "altamar"o casi como sinónimo de abismo, es acepción que aparece en el siglo XVI. Así el Quijote dice:el refrán de "pedir cotufas en el golfo". Una vez aparece la interjección : **"ora suso"** recordando el origen etimológico.

c). P a r e m i o l o g í a

La facilidad con que le afloran los refranes y dichos populares hace de sus escritos un florilegio pintoresco de la sabiduría del pueblo. Gana la frase en espontaneidad y expresión, por la espontaneidad con que se amoldan al desarrollo del pensamiento. Aparecen como una forma más dentro de las posibilidades de la lengua, abierta al inmenso campo que ofrece la expresión popular: síntesis, rapidez, estilo esencialista fundido en clichés.

Por eso la simple mención del refrán evoca todo el campo afectivo y expresivo, ya conocido de todos. He aquí una pequeña lista de los más notables refranes usados por Malón de Chaide: (252)

Viva la gallina, aunque sea con su pepita, se la dexó sin pluma

Más vale a quien Dios ayuda que a quien mucho madruga

Ruin la madre, ruin la hija y ruin la manta que las cobija.

Y es necesrio... y aún Dios ayuda.

El loco por la pena es cuerdo

Que del monte salga quien al monte quema.

Tan malo es tenello como no tener nada.

Y diciendo y haciendo

No la quieras escudriñar, sino la quieres errar.

Harto será si con los prudentes no pierdo que de los demás bien me consolaré.

Soy más amigo de errar con los sabios que acertar con los necios.

Vióse el hombre en zancos y cargado de honra y no lo entendió

La conciencia es para nosotros, mas la fama es para nuestros prójimos.

Más fácil fuera sacar el clavo de la mano de Alcides.

No se jate tanto el que se ciñe tahelí, como el que se lo desciñe.

Una Magdalena cargada de pecados de piés a cabeza, que con sus lágrimas y dolor y amor que al Redentor tuvo, llegó a oir de la boca del mismo Dios aquel ¨bien te quiero¨con que hace bienaventurados.

Igualmente hay otras frases que probablemente son de origen áulico:

salir un negocio sicut anser inter olores
dormir sin utramque aurem
Faciendi plures libros nullum est finis
misceris sacra profanis.

d). Lenguaje coloquial

El buen hablar, en el concepto de Fr. Luis de León y su dicípulo Malón de Chaide es negocio de particular juicio. Este juicio o selección no excluye ese bagaje que corre de boca en boca en todo hablante, pero sí exige una especial elaboración de la frase de modo que todos sus elementos digan con armonía.

El hallar en Malón gran número de locuciones tomadas del habla corriente no es defecto sino intencion expresiva, aprovechando lo que de comunicativo y efectividad encierran.

De tal manera está familiarizado con esa clase de expresión popular que le sale espontánea hasta cuando trata de traducir fielmente textos bíblicos.

Así parafraseando el texto "delitiae meae esse cum filiis hominum"dice: "porque entienda el pecador, que tiene un Dios tan pegajoso, que ha menester pocos achaques para entrar y quedar en casa".

Y el dicho de S. Juan "eratis aliquando tenebrae nunc autem lux in Domino", lo traduce: "erais Juan Blancos".

El texto "homo cum in honore esset non intellexit" lo traduce: " vióse el hombre en zancos y no lo entendió".

El texto "eo quod vendiderit pro argento justum et pauperem pro calceamentis": "porque vendieron
al justo por dinero y al pobre por un par de zapatos".

De la frase que aconseja la conversión a Dios, da esta interpretación:
> "Revertatur unusquisque a via sua mala et dirigite vias vestras et studia vestra": "aconsejeles que terciesen la rienda del camino que llevaban"

La frase bíblica "el hijo del hombre no tiene dónde reclina su cabeza", la refunde en esta:
> "y el hijo del hombre no tiene una teja propia con que cubrir su cabeza" .

Hace referencia también a una creencia popular de tipo bíblico: el agua de la celotipia. Era esta la prueba de los celosos. El que estaba dañado de ese mal reventaba al beber el agua misteriosa.. Se habla de ella en el libro de los Números cap.. 5.
Llama gitanos a los egipcios y el rey de los gitanos es el Faraón.

Otras frases están tromadas de la vida del campo;(253).
" Y ¿ qué efecto ha de hacer en un mediano entendimiento un disparate compuesto a la chimenea en invierno, por el juicio de otro que lo soñó"?.

"y les daba el agua por taza"

"Digiere primero el vino que has envasado"

"Hasta la última blanca"

" e uno de ellos se lo vendimia el demonio en agras"

"Una espada que pesa un quintal o una culebra que no pesa una libra"

" henchir la medida"

"Cada uno ha dado su secreto y dicho una alcaldada"

"Tomó posada allá en el cielo"

"Haciendo su desenfrenado aptetito más potajes de tí que los que sufriría la más vil y profana mujercilla"

" es propio de su cosecha ser flacos"

Algunos con resonancia caballeresca recuerdan sus ejercicios:

"Como quien juega a la ballesta"

O estos otros que se encuentran en Santillana, en el prólogo a los proverbios.

"No le embotó la lanza el escribir muchas obras en verso"

Recoje dichos populares como:

" no se le quede en el tintero"

"A piedra y lodo"

"Que sigan el hilo de la gente"

Recuedan expresiones técnicas de oficios:

"Y saben a la pega"

"Le van dando soga"

"Más quiero con trabajo ser en tu casa barrendero"

"De suerte que la moza de cántaro y el cocinero"

"Pues de la primera tixera y mano quedó tan acabada"

"..que postrara la liviandad de la cabeza en las gaiterías del vestido"

" que estamos faldas en cinta"

Del tiempo:

"Andá, que doce horas hay en el día"

Expresiones de la paciencia, despreocupación:

"Por esto esperó a Faraón tantos compases"

"No se corrió Carneades"...

"Llegar al colmo"

"Hecho un S. Jorge"

"Vánsenos de vuelo los juicios de Dios"

"Te martirizas el rostro y le sacas de sus naturales"

"hacer asiento y callos en la maldad"

" estoy durmiendo a sueño suelto"

Expresiones en que entra alguna parte del cuerpo:

"de piés en la gloria"

" a este talle"

" echo yo mano de los que más me agradare"

" ¿Quién podrá ir a Dios a la mano?"

" y le enseña de su mano"

" teniendo el alma en los dientes.."

"dando con la puerta en los ojos"

" tenían ojo a mostralle Dios"

" cae de ojos"

" os hará abrir los ojos"

" y háceles dar de narices en la avaricia"

" parece que todo lo hizo con la izquierda a quien se atribuyen las cosas menos perfectas"

Otras expresiones:

" y que todo huele a santo y bulle devoción"

" haciendo pinitos como un niño que se comienza a soltar"

" a fuerza de ruegos se va con el que la convida"

" y de estos doce escogidos a tajador, que suelen decir, todos por sus manos criados a sus   pechos, hechos a sus doctrinas, mantenidos a mesa"...

" cásase a media carta"..

" hácele polvos"

"cansado estoy de andar a los palos con vosotros"

" entremos a cuentas lo dos"

" he de ir poco a poco y como haciendo pinitos"..
" puestos a punto"
pero puesto caso que no pueda pecar"
" por que un pecador, recién pecador"

Los lleva con exactitud a las traduciones:
Al traducir el Salmo 48 en su versículo : et homo cum in honore esset, non intellexit: vióse el hombre en zancos y no lo entendió.
La frase evangélica: ut cognovit: en cayendo en la cuenta.
Una excelente representación del lenguaje coloquial nos lo ofrece en esta hermosa estampa . Es un diálogo del enfermo con su médico:

> "Así cuando uno quiere estar malo, que camina para estar muy enfermo, vereisle con unos mensajeros de las enfermedad, un cortamiento de piernas, dolor en los brazos, el color quebrado. Tópase con el médico; "Señor ¿qué será esto que los días pasados comia de tan buena gana , que todo me sabía bien, en todo hallaba gusto; un tasajo que me dieran me parecía faisán; la cebolla, la miga y el pedazo de pan seco me sabía como azúcar; andaba gordo, colorado, contento; agora,señor, no hay comer; en ponerme el plato delante, se me alborota el estómago; la perdiz me parece estopa en la boca. Y más, señor, que solía yo correr y caminar a pié y cazar tres días sin cansarme; subía una cuesta como como si paseara por mi sala; jugaba a la pelota seis horas sin pesadumbre..Dígame, señor doctor, ¿qué será esto?----Doctor: "a la fé hermano, que quereis estar muy enfermo".

Y de este modo pintoresco no dice cómo entra el pecado en el alma; "pero son resquicios por donde barrena el pecado; un ratillo de conversación, un mirar, un descuidillo en la palabrita algo suelta. ¡Oh!, dice el otro, que un rato de parla con tal persona de quien gusto, no es pecado".

e). Lenguaje expresivo

En este apartado queremos resumir y comprobar con algunos ejemplos el aserto que como nota característica corre por todos los libros de literatura; el realismo de algunas escenas narradas por el P. Malón

Al lado de este rasgo estilístico queremos poner también otros no menos interesantes como los apreciativos y el uso de artículo.

El lenguaje de la afectividad va confiado en su mayoría a los sufijos aumentativos y diminutivos; pero también hemos visto ya, al hablar del ritmo, que las oraciones exclamativas y las interrogativas encierran en su exclamación o en su interrogación un mundo intimista al que llegan de ese modo insinuante y evocador.

En la sufijación veremos, pués, que unos indican no el tamaño, sino un estado o valoración emocional:actitud afectiva, actitud despectiva o intención o puesta en relieve.

f). Actitud afectiva. (255)

" el nombre del mendigo, pobrecito Lázaro"
" a sus tiernos hijuelos"
" envió arañuela a vuestros frutales"
" los que a los pobrecillos le armais lazos"
" estando un tantito reforzado el niño"
" la poca hacenduela que tienen"

g). Actitudes despectivas (256)

" que en un lugarejo do no se sabe qué cosa es sermón"
" otro ricazo"

" y tan sobre mí, tan señorejo, de su querer.."
" que eran señorcetes.."

h). Indican puesta en relieve (257)
" el sol entra por cualquier agujerico"
" por cualquier ocasioncita, por un oído que dexeis abierto, por una palabrita, por un   suspiro dado como deseo".
"las raposas tienen covazuelas".
"que lo dí por un puntillo".
En los casos siguientes vemos el setido apreciativo confiado a expresiones ponderativas: (258)

> un + adjetivo: "con un sabroso fuego"
> un no sé qué : "tienen un no sé qué resabio"
> " la dió no sé qué luces"
> a manera de : " a manera de unos cariños"
> aquel + adjetivo (-isimo/a): "aquella dulcísima y quejosa palabra".
> : "del mansísimo Cordero".
> : "aquel regalado nombre de Hijo.".
> Ir + tanto   : "y con irnos tanto en acertar a asentar el amor.".

Es muy fecuente usar el artículo en un grado cero para indicar la cualidad. "La ausencia del artículo- dice A. Alonso- corresponde al carácter puramente cualitativo con que es nombrado; denuncia una refrerencia al quid o esencia u objeto, no definiéndolo sino sólo aludiendo al tramo que esa clase de objetos ocupa en la escala categorial con que nuestro intelecto y nuestra afectividad interesada ordenan a su manera el mundo interno y el externo"(259).

> " ¿ por qué pudiendo tener refresco en el verano y beber frío quereis perecer de sed"
> " ..envié muerto y cuchillo a vosotros"..

".les ofreced primicia"

"..buscaba darse músicas"..

"..ni agradecen merced tan estimada"

"..por que naturaleza nos enseña"

".dice Baruch profeta"

" ..espántame ver que Cristo admite convite de fariseo"

Otro matiz tiene el ejemplo siguiente al usar ¨muerte¨ con artículo: (280)

" pero la muerte es un perder por junto, donde se pierde por mano, pié, longura y demás sentidos"

El realismo del P. Malón está inspirado en parte en las pinturas tétricas tan repetidas por los oradores, siempre que se tratan temas escatológicos, con el fin de impresionar y mover al pecador a penitencia.

Valbuena Prat señala esta nota con estas palabras: "Dificilmente en las obras de realismo más macabro de un Gaspar Becerra o de un Valdés Leal puede hallarse un equivalente plástico tan espeluznante y ultrarealista". (261).

Se vale de los motivos más vivos y plásticos recurriendo a retablos de la época con sus efectistas tablas y esculturas..

El capítulo XVI de la tercera parte es todo él una galería grutesca de santos tostados en ascuas vivas y llamas cárdenas, santos descabezados, desollados vivos, o con la cabeza abierta; de verdugos con horcas y fuelles avivando el fuego.

Su realismo va de lo más trágico a lo más naturalista y expresivo."Vereis a una parte pintando un S. Lorenzo, atado, tendido sobre unas parrillas y que debajo salen unas llamas que le ciñen el cuerpo; las ascuas parecen vivas; las llamas cárdenas, que parece que aún de vellas pintadas ponen miedo; los verdugos con unas horcas de hierro que las atizan, otros soplando con unos fuelles para avivarlas; parécese aquesta generosa carne quemada y tostada con el fuego, y que se entreabran las entrañas, y anda la llama desvastando y buscando los senos de aquel pecho jamás rendido; está cayendo la grosura que apaga parte del fuego en que se quema. Vereis en otro tablero pintado a S. Bartolomé, desnudo, atado, tendido sobre una mesa y que lo están desollando vivo. A otro lado un S. Esteban que le apedrean, tópanse las piedras en el camino, el rostro sangriento, la cabeza abierta, que mueve a compasión a quien la mira., y él arrodillado orando por los verdugos que le matan. Vereis en otra parte a S.Pedro, colgado de una cruz; un Bautista descabezado, y al fin muchas muertes de Santos , y por remate, en lo alto, un Cristo en una cruz desnudo, hecho un piélago de sangre, abierto el cuerpo a azotes, el rostro hinchado, los ojos quebrados, la boca denegrida, las entrañas alanceadas, hecho un retrato de muerte" (262).

Más sobre esto lo vemos en la antítesis hermosa entre Cristo y laMagdalena:

".hermoso cuadro de Cristo azotado, divino, y la Magdalena, suelta, profanada" (263).

El realismo naturalista aparece en todo rigor, sin atenuantes: (264):

"Y dice el Padre Eterno a su Hjo: amad y mirad a los hombres.- Oh Padre, que huelen peor que perros muertos.."

"se os mohecerían los dientes" (264).

"tampoco ladrarían mis adversarios"

.. "murmure el bachiller de estómago y mofador de trabajos ajenos"

" Y fué tanta la carnicería que llegaba el hedor de los muertos a nuestras narices"

"   y andan cuellierguidas, con los ojos halconeros desollinando ventanas y por que se van contoneando por la calle componiendo los piés"..

"de aquí se entenderá la poca licencia que tienen las mujeres para andar galanas y afeitadas, hechas señuelo de livianos, por que con sus aderezos y cabello y compostura andan hechas redes de Satanás".

"..Jurado ha el Señor,.. que han de venir días en que hechos tasajos, os han de asar vuestros enemigos en lanzas y hincharán sus ollas podridas de vosotros.."

"..el ladrón boqueando con la candela en la mano"..

Recuérdese también la nota impresonista que tiene la descripción de la muerte de las jóvenes milesias, y la descripción de un auto inquisitorial en la plaza pública.

IX. CUADROS DE ÉPOCA

Después de visto el gran caudal expresivo que Malón de Chaide recoge en su obra, podemos considerar los vivos reflejos de costmbres de época.

El afán de ambientar la escena evangélica le lleva a buscar efectos impresionistas con escenas de la vida ordinaria narradas y a veces ideadas anacrónicamente.

Con un simple recuento veremos desfilar toda la sociedad del sglo XVI.

1.- Vida cortesana:

> "¿Sabeis de qué os habeis de regocijar? De que vuestros nombres estén escritos en el cielo ¡Qué ufano y engreído anda el cortesano y el otro privado, que el rey le mandó poner en el memorial, para mejorarlo en la consulta, en la encomienda,o en el oficio, o en el obispado.!"

Siguiendo la concepción agustiniana de las dos ciudades en una y otra halla, cortesanos, príncipes, monarcas....

> "Aquellos soberanos príncipes de tu casa y corte comen con un goce inefable y se regocijan en sarao."..
> "..y el trato de aquellos cortesanos del cielo y pajes de las gran casa de Dios".

2.- son varias las expresiones unidas a la sociedad del S XVI:

> "Mira que aunque en este mundo tengais más títulos que una provisión real"
>
> "Dios suele castigarnos por medio de los demonios que son los alguaciles de su justicia"
>
> "El Espíritu Santo ha de tener un auto público contra los hijos de Sión"
>
> "Que aunque para pagar la moneda de la alcabala a los alcabaleros del César, no se halló con una blanca".
>
> "El que se pone galán para oir sentencia de corregidor".
>
> "El vicio de dar malos salarios al labrador, al calcetero, y al jubetero era común".

3.- Recordemos otros hermosos cuadros de costumbres. No sólo aparecen alusiones a la picaresca, sino también a las sentencias inquisitoriales:

> "la plaza, la lonja, las gradas de Sevilla, el Sarmental de Burgos, lugares donde se trata de cambios y logros, donde se engaña y se roban las haciendas y trampean los mercaderes"...
>
> . "y mandó que se cantasen en Israel como ahora se cantan los romances viejos de Castilla".

4.- Lujo y vanidad de los vestidos y adornos femeninos:

> "Que vestía costosamente, que traía ropas de púrpura y camisas de Holanda"..
>
> "Que los chapines le sirven de grillos que traen a los piés, las cadenas de oro a los cuellos muestran su condición servil y de esclavas"..
>
> "hicieron el becerro de zarcillos de oro de sus mujeres y de las axorcas y manillas y joyas que les pidieron que no fué poco dallas tan fácilmente siendo de su naturaleza avarientas".

"y que luego llegan a tí y te comienzan a quitar la guirnaldilla y perlas y prendedero y todo el tocado y te dexan en cabellos la saya de raso encarnado, bordada con canutillo, la basquiña, jubón, gorguera y faldellín y manteo, hasta la camisa"...

"Quitalles ha también los collares de diamantes y rubíes, las manillas, las axorcas, las guirnaldas y almirantes, el escarpídor de oro, las plumas y los airones, los zarcillos y perlas de las orejas, los anillos y la argentería y fulletería y piedras de oriente, que le andan brillando delante de la frente, los arrojadillos y pañizuelos labrados de cadeneta, los alfileres de plata y los espejos de cristal, las pomas de ámbar gris y los guantes adobados".

"¿Pensábades que era algún cortesano de los que rezan y arrastran seda y arrastran brocado, de los que traen la holanda, la felpa, y las martas cabellinas y los raposos ferreros"?...

5:-Lujo en el calzado: "quitándole los botines argentados y los zapatillos de carmesí y de raso azul cairelados de oro y prendidas las cichilladas con lazos de perlas y los chapines bordados".

6.- La Magdalena se divierte y cuida su cabello y piel como las doncella del s XVI.:

"Así comenzó a gustar del billete y de la guitarrilla y del sarao, conversación, del paseo y fiestas, y músicas y de cosas semejantes"..

"Los que comeis al son de las guitarrillas, y los loquillos os dan música en la mesa;...los que dormís en marfín, sobre colchones de pluma y de algodón, con cortinas de brocado, las colchas bordadas y con recamos, los que bebeis en oro y comeis en plata, los afeminados, los de los olores, ungüentos y ámbares"..

"Les dará hedor intolerable por las pomas y olor suave, por la cinta de oro y piedras las ceñirá con una soga de esparto,, y por los rizos y encrespados y por el cabello encarrujado con hierros calientes, las hará calvas y en vez de jubones recamados y de tetilla de oro les dará cilicio negro y feo".…

"¿no gastas muchos ratos en afeitarte, que no los gustarías sino hubiese de salir al sarao, a los toros, a las huertas, y a los paseos"?.…

7.- Sacástica y realista es la pintura que hace del ¨señorón soberbio¨ que se acerca a confesarse en privado en la habitación de su confesor:

"Al fín sale el P.Maestro a compañar a su penitente; llévale a la celda, por que son pecados de cámara los que trae; llega el paje descaperuzado, y pone la almohadilla de terciopelo por que no se lastime. Hinca la rodilla, como ballestero; persínase a media vuelta, que ni sabeis si hace cruz o garabato, y comienza a dar dedo y desgarrar pecados, que hace temblar las paredes de la celda con ellos; y si el confesor se los afea sale con mil bachillerías.… como si Dios tuviese cuenta que desciende de los godos".

X. LIMITES EXPRESIVOS

El reuerdo de Fr. Luis

Varias veces hemos heco referencia a la influencia que el Rey de la Lírica ejerce en el P. Malón de Chaide:
Hay pasajes donde es claro el origen del término o expresión, pues nos recuerdan las odas de Fr. Luis.
Veamos en concreto la descripción de la tempestad: el nervio y concepción está conseguido sobre la estructura de las que nos presenta Fr. Luis en varias ocasiones, y termina con la cita de "El Laberinto" de Juan de Mena.:
"ver **luchar** los vientos y forcejear en aquel extendido piélago de las ondas".

Malón de Chaide	Fr. Luis de León
Aquel levantarse el mar por el cielo, hacerse	…cuando el cierzo y el ábrego porfían…
sierras de aguas, que vienen a cubrir los que	--..las altas sierras……
navegan y se ven a veces sepultados en las	….la nave que al momento, el hondo pide abierta…
ondas; otras que se abren las arenas del abismo	
y parece que el **regolfo** se traga **la rota nave**	…..roto casi el navío …..

131

Allí son los gritos de los que
piden misericordia
ábrese la nave y no se puede
dar a manso con la
bomba. El cielo está tan airado
que no le osan mirar
El día convertido en una
ciega noche
solamente se conoce en el
contar de las horas.
El otro está atento al
gobernalle una grupada que
viene y se lo lleva con él (222).

....al cielo suena confusa
   vocería…

....la mar airada....

….en ciega noche el claro dia
   se torna…
…a otros roba el claro dia, y
   el corazón el aguacero.

...el uno que surgía a en
   el puerto salteado de
   breve soplo, guía en alta
   mar lanzado.

"Adónde y en cuyas rocas se
rompen las frágiles navíos de
los mal avisados mozos, padecen
naufragio y van al fondo"
Y el que pueda encontrar una
tabla con que arrojarse al agua,
piensa que tiene un tesoro
Huyendo de una muerte dan
en otra más espantosa
Que estar en las moradas
ni en las soberbias casas de
señores de jaspe fabricadas
gozando sus privanzas y favores
es ocasión a que las lenguas libres
se desmanden y que encaramen
y aseguren sus sospechas
y en medio de las peñas
con canto no aprendido
con sus arpadas lenguas te
alabasen

…apenas el navío desarmado….
…el otro en la encubierta
   peña rompe la nave que al
   momento el hondo pide
   abierta.
…Que va el leño deshecho,
   de flaca tabla asido.
…otro nadando huye el
   morir fiero.

…Ni del dorado techo,se admira
   Del sabio moro en jaspe
   sustentado…

..Ni cura si encarama
   La lengua lisonjera..

Despiértenme las aves
Con su cantar suave no
aprendido.

La traducción del Salmo 83 tiene una semejanza bastante fuerte con la poesía : "Alma región luciente"; así como la del salmo 103 con las imágenes de la Oda: "Cuando contemplo el cielo"..

Esta dependencia no le quita nada de originalidad, puesto que siempre aparece reelaborada en su ideología y asimilada. En la parte lírica se encuentra ya con el camino recorrido por Fr. Luis, camino que aprovecha recogiendo todos sus elementos.

El P. Malón no ha desechado nada de lo anterior a él. Un recuerdo vago de las églogas garcilasianas lo vemos comparando el comienzo de la primera: "El dulce lamentar de dos pastores"(223).

Oidme, vacas gordas	El dulcelamentar de dos pastores
del Monte de Samaria	Salicio juntamente y Nemoroso,
a do paceis las hierbas regaladas	He de contar, sus quejas imitando;
y las orejas sordas	Cuyas ovejas al cantar sabroso
volved ya **voluntaria-**	**Estaban muy atentas**, los amores
mente del **verde pasto descuidadas**	De pacer olvidadas, escuchando

Las ovejas garcilasianas no necesitan del imperativo para que sus ovejas dejen de ser gordas. Esas **vacas gordas** reflejan el sentido bíblico de la **grosura de la tierra**, no el bíblico de la pastoral

XI. CONCLUSION

Amor mundano y amor místico no se oponen según el concepto platónico, siempre que nazcan de la Belleza y lleven a ella.

A ambos se opone el "amor´sensual", amores, pasión - de movimiento contrario- y que no puede ser nunca verdadero.

Los escritos sagrados han tratado de deslindar y precisar más el concepto con una terminología más exacta y han fluctuado entre los nombres latinos: charitas, dilectio, para el amor verdadero (de Dios); y libido, concupiscencia, para el amor pasional (amor sui). Uno es orden; el otro desorden; uno es luz, el otro tinieblas; uno es vida, el otro muerte.

El concepto de amor en " La conversión de la Magdalena" aparece sumergido en el mundo estético del neoplatonismo. Este concepto es transplantado a la filosofía cristiana como una flor silvestre. En esta empresa destaca la escuela alejandrina, S. Agustín. Su afán se renueva en el Renacimiento (sobre todo en el espiritu reformista) llegando a alternar: Virgilio, Horacio, Ovidio con los Santos Padres y S.Pablo o en general con la Biblia.

El amor no es solo deseo; nace activo y fugitivo, como la llama, en quien sabe entablar ese admirable juego. Esa llamita o centella lleva un algo de inquietud y desasosiego que obliga a emprender el retorno a su punto de origen: el Sol, el Sumo Bien, la Suma Belleza. (La idea platónica es localizada en la Mente Divina). " Es algo que viene de Él y vuelve a Él: es un círculo redondo, de cuyo centro inmóvil fugan resplandores soberanos: alumbrando Vos, que sois luz no criada y resplandeciendo de allá desde el cielo, con la fuerza de vuestro soberano resplandor"..

Esa llama que es amor nace en vosotros por un inexplicable misterio, lleno de sabiduría arcana: La Predestinación. Es el alumbramiento del rayo, que nos muestra cómo llevamos en nosotros, en nuestra alma, la luz del rostro, que nos enseña y adiestra en el bien.

Puede ser este el momento de la "conversión" o de la catarsis o purificación.

El amor y la penitencia han salvado a la Magdalena pecadora. Sus lágrimas han borrado sus faltas (lágrimas de fuego)..La fealdad aspira a la belleza; la noche a la luz; el invierno a la primavera; la enfermedad a la salud; la muerte a la vida; la arena del desierto al agua de la fuente.

He amado a Cristo espejo de Belleza, manantial de amor eterno, luz inextinguible, sol sin eclipse. ¿Quién nos separará del amor de Cristo?. El amor es más fuerte que la muerte. Luego ni ésta.

El amor termina por engolfarse en la hermosura. Este le ha sembrado en el cosmos organizado.

En ese cosmos estético hubo algo lleno de hermosura y suavidad, que en la Edad Media se consideró como símbolo de la Idea suprema de Belleza: el eterno femenino. El egoísmo y la singularidad es capaz de destruir este sentido umiversal de armonía y romper su ordenación y aspiración hacia la Fuente de donde procede. Ciega e incapacita para la contemplación de esa Suprema Idea de Hermosura.

La mística cristiana pone esa Suprema Fuente de Belleza en el entendimiento divino. Para el mistico platónico, amor mundano es ver en el mundo bello destellos de esa Belleza Ideal. Para el místico cristiano (platónico) el amor verdadero (mundano o espiritual) nace de la contemplación de esa Belleza Divina de la que participan todas las criaturas.

Este ver es acción, movimiento a poseer y a gozar de ese Bien de la Hermosura. Este movimiento acaba en la umión mística y en su eterno gozo, sin que por ello se termine el amor; antes bien es el Sumo Amor.

La expresión literaria de ese itinerario es de un campo tan amplio como lo es el diapasón del sentimiento del hombre. En ella alterna lo más clásico con lo más castizo y popular.

XII. NOTAS.

1).   Menéndez y Pelayo: CHL, II, 7 (C. S. I. C.)

2).   Menéndez y Pelayo; Cartas de Italia.IV, (Citado en la antología general de M. y P... Tomo II, p. 1046).

3).   Antología General de M.y P. II, p. 1049

4).   Id.. p. 1051.

5).   Frutos, Eugenio,: Historia de la Filosofía. Zaragoza. 1943. p. 38 y 48

6).   Julián Marías: Historia de la Filosofía. 7ª Edición Madrid. p. 37

7).   Zubiri, X: Naturaleza, Historia, Dios. p. 54.

8).   Pfand , L: Historia de la literatura Nacional del siglo de oro p.34.

9).   Pfand , L : Id. p.38

10).   Plotino; En. cum.M. Ficino Int. Cast. p. 153.

11).   Reuchen: Patrística, p. 48, 54, 57, 67, 88, 73, 104.

12).   Exodo, III, 22, y XIII, 35-36. Henri, P.: Plotin et S. Augustin.

13).   Confes.. XIII 2, 2 y 4, 5. De Gen. ad Lit. 1, 8, 14.

14).   De Div. quaest. 83, q.. 35, 1. Soliloq. 1, 13, 22

15).   De Div. quaest. 83, q. 46, 2

16).   Conf. XIII, 38, 33

17).   Flórez, R. : Rev. de España . Ag.no. 10, (1962) p. 144

18).   Conf: XIII, 9. 10

19).   Flórez, R.: Id: p. 47

20). Flórez, R: Id. p. 150

21). Flórez R.: La teoría agustiniana de los dos amores en dimensión antropológica.
En Giornali de Met. (1950) p. 505-515.

22). Flórez, R.; Rev. de Esp. .Ag. (1962) p. 161

23). Conf. .VIII, 11, 27.

24). De Gratia Christi, 26, 33

25). In Joan.. Tract. 17, 8 . Pzywara "S. Agustin". (trad. Del P. Lope Cilleruelo).
P.33. Julián Marías, Hist. de la Fil. p. 117.

26). P. José Rubio: Por la creación a la contemplación en Rev de Esp, Ag, 10 (1962) p.169.206.

27). De lib. arb. 2, 16; Conf. 11, 4, 6 ;De Civ. Dei X, II; De Gen. ad Lit. IV, 33, 49; De Trinit. XV, 4, 6.

28). In Psalm. 41, 2 ; Conf. X, 20, 29.

29). Conf. X, 6, 9.

30). De vera Rel. Cap.

31). Ocete, A.María de : Gregorio Silvestre. Estudio biográfico y crítico. Granada.1939. P.153.

32). Wardropper. La poesía lírica a lo divino.(Rev de Oc. 1958) p. 61

33). Tonelli: "L´amore nella poesía e nel pensiero del Renac.") Firenze, 1933) p. 1-2.

34). Asín Palacios: El Islam cristianizado y estudio sobre Abenarabi y Gómez Moreno (tradución del Collar de la Paloma).

35). Ficino, M: Sopra lo amore o ver convito di Platone (Firenze, 1544), p.

36). Tonelli: id. P. 270.

37). Lefranc : Marguerite de Navarre et le platonisme de la Renaissance, (1914), p.66.

38). Pfand: Id. p. 36.

39). Pfand: Id. p 36-37.

40). Antol.. Gen. de M. y P. :II, p. 34.

41). Pfand: Id. p. 38

42). Men.. y Pelayo : HIE t. II p. 26.

43). Gutiérrez, M.P.: Fr. Luis de León y la filosofía del siglo XVI . El Escorial, 1929), p.105; García, P. Félix O.S.A.: Prólogo a la Conversión de la Magdalena, Ed Castellanos, I, p. XXX

44). García, P. Félix OSA.: Id. I, p. XXXI

45). Malón,. : La convesión de M Magdalena. Ed. Class. Cast. III..84.

46). Malón Id. III. p.87-94.

47). Menénd. y Pelayo: HIE, t. II, p. 147; Garcia, P F. OSA: Prólogo, I, p. XXXI,

48). Garcia, P F. OSA: Id. p. XXXI.

49). S. Joan.. 8

50). Malón : Id . II, p.61.; S. Agustin: De merit et de Rem..II, 5.; Contra duas Epist. Pelag. II, 5, 6 ; Epst. CXCIV, 3.

51). Malón, Id. II, 35.; S.Agustín: De corruptione et Gracia,, 13, y 15, Contra Jul. Pelag.. V, 4.; De dono perseverantiae , 8, 11.; S. Pablo: Epist. ad Rom. , XI, 33.

52). Malón: Id. II, 21.

53). Malón.: Id. II, 20.

54). Malón: Id. II, 9 y 40.; S. Pablo: Epist. ad Rom. , IX, 13.

55). Malón: Id. II, 276 ; I, 54 y 70; III, 126; S. Agustín : De fine Symb. I, 10; De immortal animo, 16 ; Conf, XV, 6, 7.

56). Rousselot : Los místicos españoles, p. 102.

57). Orfeo: Opera (apud Bassileae) p.14 ; Hesíodo: Teogonía (texto trd. Por Paul Masón. Paris, 1947, p.34.; Ovidio: Metamorfosis, Lo cita Malón en III, 84, dos veces. En la Edición de Aguilar p. 552 y en la del P. F. García OSA dice: "Ante mare et tellus".. En otra edición: Barcelona, 1881, pone: "Ante mare et terras".

Otros textos de Ovidio: De Ponto, (citado por Malón, en II, 243; 445, (Paenitet..et lácrimae) ; Del Ars amandi: II, cita el "Dum petit infirmis"..Malón en la II, 19; Juvenal:

Virgilio En.,VI, (Matriti, 1830 por Petisco), p. 393, (Spiritus intus....) Y Bucolica, X.p.64. (Omnia vincit...) Citado por Malón en III, 88. y 1, 67.

El pasaje de Turno: Eneida, X. p. 526; en Malón, I, 166, 174.

58). Véase la edición de Aguilar ps. 689-720 donde pone las Tablas de los lugares de la Escritura que se citan en la Magdalena.:

Origen de los ídolos: I, 138; 152 ; Origen del vestido; I, 174, 180 ; y en : 183 y 187 ; Origen del pudor: I, 177, 184 ; Origen del arco iris: I, 178, y 185 ; origen de los sastres: I, 180 y 186

59). Nygren, Andrew: Eros and Agape, Le notion chrétienne de l'amour et ses transformations. Paris,1952. p. 57 t, II.

Herrera: Comentarios a Garcilaso p. 115,. ; Sta. Teresa: Tratatado del amor de Dios I, c.14.

60). Francois, Charmot: El amor humano.Ed. Pax,1943, p. 14-15.

61). Introd. á l'etude de S. Augustine. Paris,1949, p. 177, nota 2.

62). Flores, R.: Reflexiones sobre el ordo amoris, Rev. De Esp. Ag. (1962), p. 163.

63). S. Agustín: In Ep.. I, Joan. 8, 5.; Flores, R,: Rev. De Esp. Ag. 10(1962) p. 163-164.; J.B.Bauer. Dilige et foud vis fac en Wiassenshaft und Warheit. 20. (1957) p. 64-65.

64). Malón: Id, I, 10

65). Ortega y Gasset: Estudio sobre el amor. (Rev. de Occ. 1962), 36 y 53.

66). Malón; Id. III, 96

67). Malón; Id. III, 128.

68). Malón; Id, III, 127

69). Malón; Id III, 127.

70). Malón; Id III, 127

71). Malón; Id III,128; Ortega y Gasset; Id. 56.

72). S. Agustin ; In psalm.. 9. 15.

73). S.Agustín; In psalm . .9, 15.

74). Malón; Id. III. 12

75). Herrera; Comentarios a Garcilaso, p.104.

76). Solana: Hist. De la Filosofía española del Renacimiento: (Madrid, 1954) t. I, p. 474.

77). Ortega y Gasset: id. p. 59.

78). Malón : Id. III, 83-90.; III, 94.

79). Malón: Id, 3, 84

80). Malón: Id III, 86-99 ; S. Agustín: De div. Questionibus,LXXXIII, 4.; De Lib. Arbit. II, 9; De Civ. 11, 10

81). D. Joan. 3

82). Malón : Id ,III, 89-90 ; Dionisio Areopgita: De divinis nominibus, IV, 10.

83). Malón: Id . I, 64

84). Malóm: Id. I, 65.

85). Malón: Id, III,86

86). Malón : Id, III, 87.

87). Malón: Id. III, 98

88). Ficino: Sopra lo amore o ver convivio di Platone. Firenze.1544. p. 17

89). Malón: Id. III,98

90). Ficino: Id. p. 16

91). S. Agustín: De civ. Dei. Lib. XIV, c. 28.

92). Malón: Id. III,63

93). Malón: Id. I, 70.

94). Malón: Id. I,70

95). Malón:: Id.. I, 116.

96). Citado por Pfand. p. 190

97). Malón:Id. III.135
98). Cf, Id.
99). Platón:Primer Alcibíades, Filebo, el banquete (cf. traducción de M. y Pelayo.; Plotino: Eneadas I, lib. VI, parr. 7.; Enneadas, III, lib. 5.
100). HIE, I, 17-18.
101). HIE, I,41.; Cf. Zubiri: Naturaleza...p.60-61
102). HIE, II,41
103). Zubiri: Naturaleza... p.61.
104). M. y Pelayo: Notas a Valera, Crítica histórica literaria: t.IV p. 301.
105). HIE. I,95
106). Ficino: Id. P. 12
107). Betusi: "Trattati d´amore del cinquecento" (Laterza, Bari, p.13
108). Ficino: Id. p. 16
109). Malón : Id. III, 88
110). Malón: Id, III,120
111). Malón: Id. II,131
112). HIE, II, 41
113). León Hebreo: Diálogos sobre el amor, (Col. Austral),p.205
114). Betusi. Id. p.11
115). Betusi, Id. p. 16
116). Plotino:Enneadas: I, lib.VI, 1
117). HIE: II, 26
118). HIE, II, 34
119). Betusi: Id. p.13
120). Malón : Id. III, 96
121). Malón: id III, 97
122). Malón: Id. III, 97
123). Malón: id. 119
124). Malón.Id. III, 105
125). Díaz Plaja: Concepto de la literatura española: p.86

126). Hatzfeld: Estudios literarios sobre mística española. p. 28

127). Malón: Id. III,16

128). Malón: Id .III, 137

129). Malón: Id. III. 154

130). S. Joan, 3

131). Malón: Id. I ,137

132). Malón: Id. III,130

133). Malón:Id. III,130

134). Cantar de los Cantares: 2, 3

135). Sta Terea: Conceptos del amor de Dios. C. 5, p.723 (Ed de la Prensa)

136). Sta Teresa: Id. p.730.

137). Malón : Id. III,130

138). Alonso, D.: La poesía de S. Juan de la Cruz. (Aguilar,1958), p.45

139). Alonso, D: Id. p. 86

140). Malón ; Id. III, 134

141). Malón : Id. III,137

142). Malón: Id,.III, 138

143). Malón:Id,. III,131-132

144). Ley de Amor, lib XV, fol..59r.

145). Plotino: Enneadas,, III, 8, 10

146). Ley de Amor. VIII, fo.192r

147). Malón: Id, III,155

148). Malón: Id,. I,155; II, 79; III, 3 y 15

149). Malón .Id. III,150; III, 91

150). Malón.Id. III,60

151). Malón: Id,. II,60

152). Malón: Id,.III,61

153). Etchegoyen: L´amour divin: Essai sur les sources de S. Therese, p.244. Paris, 1923.

154). Ley de amor. C. XV, fo.50

155). Osuna: Tercer Abecedario, Tratado VI, c. IV, fo.62r. p.38.

156). Malón: Id. III, 54

157). Malón: Id. I, 57

158). Malón: Id. I,.55

159). Malón Id. I , 56

160). Malón:Id. III,154

161). Malón: I,III,120

162). Orphei poetae vetustissimi opera: p.128.

163). Kempis: Imitación de Cristo: lib.III, c.5, p.278

164). Osuna: Tercer Abcedario trat. IV, c.3, fo. 41r

165). Osuna: Tercer Abacedario Trat. XVIII, c. 3, fo.221r. p.530

166). Malón: Id. III,132

167). Malón: Id.. I, 57; III, 60

168). Malón: Id. I,55

169). Malón:Id,.III,133

170). Malón:Id. III,154

171). Alonso,D. :Poesía de S. Juan de la Cruz, p.56

172). Alonso,D.: Id. P.57

173). Malón: Id. III,152

174). Malón: Id,.III,43

175). Asensio, E: Poética y realidad en el cancionero peninsular de la Edad Media, p.249; Malón . Id. I,59.

176). Assensio: Id.

177). Assensio : Id,. p. 247

178). Osuna: Tercer Abcedario, rat, VI,c.VI,fo.191r

179). Malón: Id, III,133

180). Malón: Id. I .56

181). Malón: Id III,135; II,9

182). Malón: Id.. I, 55

183). Malón: Id. III,166

184). Ibn, Hazm: El collar de la paloma p. 91

185). Malón: Id. II,38

186). Malón: Id. I,56

187). Malón: Id. II,24

188). Malón: Id. II,70

189). Malón: Id,.II,93

190). Malón:Id. II. 91

191). Malón: Id. II. 80; I,50

192). Malón: Id. II,28

193). Malón: Id..II,33

194). Malón:Id. II,35

195). Malón. II, 42

196). García, P..Félix OSA : Prólogo I, XXXIV, citando a BAC. T.XXVII,19

197). Fr.Luis de león:Obras completas. p.671; Malón: Id. I,10 y 33

198). Vela, Santiago: Ensayo de una biblioteca Iberoamericana de la Orden de S. Agustñín. Vol.V,p.91-106 (y las introducciones).

199). Menéndez Pidal: La lengua de Cristóbal Colón, p.73

200). Juan de Valdés: Diálogo de la lengua, p. 9

201). Menéndez Pidal: Id. p.79

202). García, C: Contribución a la historia de los conceptos gramaticales: la aportación del Brocense, p.22-23 (con bibliografía).

203). García, C: Id ..p. 29; Alain Gay: La pensé de Fr. Luis. P.203.

204). Lapesa, R : Historia de la lengua española. p.. 203. Para las apologías de la lengua castellana del siglo de oro Cf. : J. F. Pastor (Edición clásicos olvidados,. Vol.VIII, Madrid , 1929.). Alonso, A.: Castellano, español, idioma nacional.

205). Malón: Id. I, 33; I. 51; Rafael María Hornedo: Los estudios de gramática en la universidad de Salamanca , de 1583-1588 en " Miscelane Comilense" I, (1943) p.589.

206). Malón.Id. I, 33, 51; I, 12,13,;I, 19,40; I,31,49.

207). Malón. Id.,I, 34, 52

208). Malón: Id.. 35, 53; Apología del castellano I.. 37, 38; y 55.

209). Malón: Id.

210). Malón: Id..I,134,148; I, 62-83; I, 8 y 31

211). Malón: Id.. I ,39, 57

212). Malón:Id..I, 28,46.

213). Malón: Id. I, 69, 88.

214). Malón. Id. I ,56, 77

215). Malón: Id..I, 13, 35; I,31; I, 17, 38; I, 7,30; I, 11, 34; I,17,38; I,17,38

216). Malón : Id.. I, 25, 45; I, 3, 31; I, 17,39; I, 188, 192.

217). Pinta Llorente. Miguel de la: La inquisición española y los problemas de la cultura t. II. p.37-54; Vela, S: Obra citada : III, p.309-364.

218). Fr. Luis: Obras completas castellanas. BAC. p. 474; M J.B. Avalle-Arce; La novela pastoril española, c. IX, p. 236 (Rev de Occidente) Madrid. 1959.

219). Malón: Id. I,39,56

220). Vosler, : Fr. Luis de León; p.86

221). Romances viejos de Granada. P. 358,II, 141.

222). Malón: Id. II,74, 299; I, 24, 43; II,74; I, 94, 111; I 160; I, 108, 123; II, 37, 271.

223). Malón: Id.. I,94,110.. Garcilaso: Obras completas. p.1.; Malón: Id..I,168-176; I,153,163; I, 106, 121; I,149,160; I,107,172; I,213,216; I,106,121; I,155,165; I,16,37; I,32,62.; Alonso,D._ La lengua poética de Góngora. P.135

224). Malón.Id. I,87,104; I, 9, 32; I,7; I,71,90

225). Malón: Id..I, 56, 77; I, 16, 37; I, 176.187; I, 58, 167; I,148,159; I,189,193.

226). Malón; Id..II, 14,359; II, 56, 86; I, 189,193; I,223,225;

227). Malón : Id.. I, 197,200; I ,206, 208; II, 25, 264 y 589; II, 85,309

228). Malón: Id..I, 30, 267

229). Malón: Id..223, 225
230). Malón: Id.. II, 86, 309; I, 73, 91
231). Malón: Id.. I, 43,60
232). Malón:Id..II, 72, 299
233). Malón: Id...I,11,126; I, 125, 143
234). Corominas;J: Diccionario etimológico.t.II, 798;. Malón: Id..II,74, 300
235). Malón:Id.. I,95,110; I,174,181; I,55,76; I,238,238
236). Menéndez Pidal: Antología de prosistas españoles. P.126;. Alonso;A: Materia y forma en poesía. p. .280.
237). Gili y Gaya : El ritmo en la poesía moderna. p. 25.
238). José María Suñol: Método de solfeo y canto gragoriano. p. 53.; Alonso, A.: Historia y forma en poesía. p. 250.; Kayser: Interpretación y análisis de la obra literaria. p. 318.; Pighi, J.B.: i ritmi e i metri della poesía latina: p.13.
239). Conviene tener en cuenta qué entienden por eidos los griegos; originariamente es: "aspecto, figura". Con tal significado está usado por Platón en el Simposium. Paralelamente se desarrolla el significado de formas que la mente capta en las figuras concretas en la creación fantástica; así como significa también el esquema tipo, género de una cosa..
240). Vélez, P.P.: La filosofía de S. Agustín. p.145
241). Lapesa, R.: Historia de la lengua española. p. 213
242). Vega; F.J : Imágenes y metáforas en "De los nombres de Cristo". P.144 (inédita)
243). Malón Id. 7,30
244). Cicerón: De oratore. P.199-202 ; Quintiliano:Instit.. IX,4,61-66
245). Malón: Psm. 83: I, 57,79; Capítulo IV de Amós: I, 95,110; Psm. 103: I,105,120; Psm.119: I,120,140;

Psm: 97: I,133, 147; Job: 7: II,108,328; Psm. 12: II,89,,311.etc..

246). Alonso,D.; Id..p.99

247). Malón:Id..II, 247,449; Psm 90: III, 46,514

248). Juan de Mena: El Laberinto de la Fortuna, prólogo,p. 85,90; Véanse los versos citados por Malón p.98, estrofa 185 ; Carlos Bousoño: La poesía de Vicente Aleixandre p. 242-248.

249). Malón: Id ...Alonso. A. :Materia y forma en poesía.p. 280

250). Malón: Id.. III,175; para las exclamativas; y III, para las interrogativas.

251). Sinónimos:

Malón: Id.. I. 8; I,13; I,13;I,14; I,17; I,19; I,163;

Antitéticos:

I,195; 199; I,221-223; I,234, 234,235; I,195,198; I,195,198; I,141, 145; II,154,370; I,92,108;

Sintácticos:

II, 232,436; III,141; I,57,72; I,153, 162; I,13,35; I,147, 159; I,185, 190; I,187, 191;

Correlativos:

II,123,342; III,142,608; I,49,70; (el P. Félix corrige y lo estropea),; I,24,43; III,130,596

252) Malón: Id, I,70,89; Quijote: II,5; I,175, 181; I 220,222; I,149,160; I,15,37; II,84,308; I,207,209;   I, 19,40; II,17,264; II,61, 291; I,30,49; I,220,222; II,53,283; I,152,162; I,187,194;   II,31,267;I,82,100; I,38,56; I,219,201; I,23,43; I,165,175.

253). Malón : Id. ..28,47; I,187,192; I,91, 107; I,94,109; II,67,536; II37,21.

253). Lenguaje coloquial:

I,28,47; I,187,192; I,91,107; I,94,109; II,67,536; II,37,271; I,11,250;   I,130,145;I 220, 222; I,34,52;I,105,119;   I,177,180;   I,183, 188; II,111,322;

Vida caballeresca:

I,17,39; I,208,210; II,84,304;

Oficios_

I,224,225;   II,149,365;   I,219,2221;   I,12,35;
II,59,289;   I,190,193;   I,60,82;I,36,54;   I,49,70;
II,24,262; II,32,268

El tiempo:

(Que falta en la ed. del P.Félix García).
II,51,282;

Expresiones de despreocupación:

II,38,273; I,3; I,220,222; I,188,192; II,10,249; I,
171,179; II,64,293; I,73,91; I,72,91.

Expresiones donde entra alguna parte del cuerpo:

II,22,260;   II,26,264;   II,45,278;   I,209,211;
II,59,289;   II,66,565;   II,69,297;   I,81,99;
II,58,288;II,26,263; II,84,308;I,132,146.

Otras expresiones.

I,23,237;   II,93,314;   II,50,282;   II,33,268;
I,207,209; I,230,231.

Traduciones:

II,52,283; II,88,105;

Diálogos con el médico:

II,139,356.

254). Cuadros de época:

I,123,138; II,93,315;I,12,34;

Vida cortesana, títulos y dignidades:

I,22,137; I,212, 215; I,199,201; I,188,192;

Cuadros de costumbres:

I,138,238; I,16,

Vestidos

I,184,190;I,184,185; I,155,165; I ,201, 203; I,196,
199; I , 198, 201; I,51,71; I,193,197;

Calzado:

I,198,201;

Diversiones:

I, 152,162; I,191,194;I,172, 180; II,167, 380.

255). .Malón : Id. 129,144; I,112,127; I,146; I,94,109; I,92,93,108;II,83,307.

256). Malón: Id I,237, 237; II,69,297; I,131,145; II,30,266.

257). Malón Id. I,91,107; I, 91,107; I,187,199; II,70,303.

258). Malón: Id.. I,55,76; II,14,253; I,230,231; II,24,262; II,79,303; I,63,84.

259). Alonso,A: Materia y forma en poesía, (Gredos1960),p.168; Malón: Id. I 79, 97; I, 96,111; I,14,153; I, 143, 197; I, 153; 163; I,56,77; I84,102.

260). Malón:Id.I,79,89.

261). Valbuena Prat, A.: Historia de la literatura española. (Barcelona,1957).   t. I ,p.627

262). Malón: Id.. II,129, 345

263). Malón : Id..I,234,235

264). Malón: Id.. II,137, 255;I,8,32; I,94,103; I, 197,200; I,171,179;

265). Malón: Id. 93,109; II,12,251; II, 21,259;I, 203, 205; I, 201, 204

XIII. BIBLIOGRAFIA

Textos usados:

Malón de Chaide: La conversión de la Magdalena. Prólogo y notas de P. Félix Gracía OSA. Col. "Clásicos castellanos".Madrid. T. I,1959; T.II y III,1947

Malón de Chaide: Libro de la conversión de la Magdalena.: Introducción, edición e índices de Justo García Morales. Ed. Crisol, (Preferible a la del P F.García, por que conserva las grafías)

Malón de Chaide: Libro de la conversión de la Magdalena, en que se ponen los tres estados que tuvo de pecadora, de penitente y de gracia. Barcelona,1881, (De escaso valor).

Obras consultadas:

Agustín, San: Opera omnia.(puede verse en Migne o en la BAC)

Allison, Peers, E.: El misticismo español.).Col. Austral.

Alonso; Amado: Materia y forma en poesía. Madrid. 2ª Ed. 1960. Estudios linguísticos.Temas españoles. Gredos.1954.

Alonso, Dámaso: La poesía en S. Juan de la Cruz.(Ed. Aguilar, 1958.

La lengua poética de Góngora.Madrid. 1960

Poesía española.Madrid. 1952.

Del siglo de Oro a este siglo de siglas.Madrid. 1962

Alonso, D y Bousoño, Carlos: Seis calas en la expresión española.

Antolínez, A.: Amores de Dios y el alma. (Ed. Escorial,. 1956. Es presentado por el P. Custodio Vega.

Arco y Garay: El P. Malón de Chaide. En Archivo histórico agustianiano, vol. XV, (1920) p.66- 86.

Asensio, E. : Poética y realidad en el cancionero peninsular de la Edad Media. Madrid. 1957.

Avalle Arce, J.B.: La novela pastoril española. Madrid, 1959 p.233-243.

Bayer,.: Les themes du neoplatonism et la mystic espagnole de la Renaissance. En "Homenage a Martinenche". Paris.1937.

Bayo, N.J.: Virgilio y la pastoral española del Renacimiento. (1480-1530) : Madrid. 197-226.

Bonilla, y San Martín: Luis Vives y la folosoía del Renacimiento. Madrid. 1903.

Bousoño, Carlos:.La poesía de Vicente Aleixandre. Madrid. 1956.

Boyer.: Christianisme et neo-platonisme dans la formation de S. Augustien. Paris.1920

D´Arcy, M.C. .:The mind and Heart of love: Lion and Unicorn. A study in Eros and Agape. London.1945.

Díaz Plaja, Guillermo.: Hacia un concepto de la literatura española. (Col. Austral).

Díez Echarri y Roca Franquesa: Historia de la literatura española e hispanoamericana. Madrid.1960, p.314.

Etchegoyen, G..: L´amour divin. Essai sur les sources de Saint Thérese. Paris. 1923.

Ficino, M.: Sopra lo more o ver convito di Platone. Firenze. 1544.

Flórez, R : Reflexiones sobre el ordo amoris. En Revista de espiritualidad agustiniana. N.10(1962), p.1-168
La teoría agustiniana de los dos amores en su dimensión antropológica. En "Giornale di Metafisica", 1954 p.505.

Francois, Charmont.: El amor humano. Ed. Pax.1943

Frutos, Eugenio : Historia de la filosofía. Zaragoza.1943.

Garcilaso.: Obras completas. En "Clásicos castellanos" 1958.

Gili Gaya, S: Elementos de fonética general. Madrid.1958

Observaciones sobre el ritmo en la prosa española. En Rev "Madrid".1938.

El ritmo en la poesía moderna. Lecciones profesadas el 13 y 17 de febrero en 1936. en la cátedra a Milá y Fontanals.

Gilson.: Introductión a l´etude de S. Ausgustine. Paris.1949.

Guy, A.:El pensamiento filosofico de Fr. Luis de León. Madrid.1960.

Hatzfeld, H.: Estudios literarios sobre mística española. Madrid. 1955

Herrera, F.: Comentarios a Garcilaso.

Hesíodo: Teogonía. (Texte établi et traduit par Paul Mazón). Paris.1947.

Huit, Ch.:Le platonisme pendent le Renaisence . En "Anales de Philosophie Chretienne". 1895-1897.

Ibn, Hazm.:El collar de la paloma. Tratado sobre el amor y los amantes de Ibn Hazm de Córdoba. Prólogo de Ortega y Gasset.. Traducción e introducción de Garcia Gómez, E.

Kayser.W.: Interpretación y análisis de la obra literaria. Madrid.1961.

Lefranc, A.:Le platonisme dans le literature en France á l ´époque de la Renaisance. (1505-1550). (Rev. de hist. De lit. Francesa ; III, 896)

Langeneger, A.: Des Malón de Chaide "Conversión de la Magdalena". Zurich,1932.

Lapesa. R. :Historia de lalengua española. Madrid. 1959.

Lasso de la Vega: Fr. P. Malón de Chaide. Su influencia en los adelantos del lenguaje castellano. XIX, (1889),.p.381-286

León Hebreo.: Diálogos de amor. (Col. Austral)

Ley de amor.

Luis de León: Obras completas castellanas. BAC. 1954.

Lida de Malkiel, R.M.: Juan de Mena, poeta del Renacimiento español. México.1950.

Marín de Ocete: Gregorio Silvestre. Estudio biográfico y crítico. 1959 p. 153.

Margarita de Angulema:. El heptamerón. Puntos de moral galante y teorías platónicas del amor. Paris.

Margot, Arce, V.: Garcilaso de la Vega, Contribución al estudio de la lírica española. Del s. XVI, Edición de la Universidad de Puerto Rico. Río Piedras. 1961.

Marías, Julián.: Historia de la filosofía. Madrid.

Mena, Juan de.: El laberinto de la Fortuna. Ed. "Clásicos castellanos".Madrid.1960.

Menéndez y Pelayo, Marelino.: De la poesía mística en España. (Inclido en "Estudios y discursos de crítica"), II, (C.S.I.C.). 1931.

La estética platónica en los místicos del s.XVI y XVII. En "HIE", II, c. VII, (C.S.I.C.), 1940)

Menéndez Pidal.: La lengua de Cristobal Colón.. (Col. Austral)

Antología de prosistas españoles. (C.S.I.C.),1932.

Morán, J.: El hombre frente a Dios.Valladolid. 1963.

Nygren, A.: Eros and Agape. Traducción al francés.. París. 1937, 3 Vols.

Orfeo.: Orphei poetae vetustissimi opera jam primum ad verbum translata, et diligentium quam antea multis in locis emendata per Renatum Perdrierium. Basileae.

Ortega y Gasset: Estudios sobre el amor. (Col Arquero) 1961.

Oeschslin, L.: L´instuition mystique de St.. Therese.

Osuna, F: El tercer Abecedario

Palacios, Asín.: El islam cristianizado o estudios sobre Abenarabi.

Pidal, J...: Sobre Malón de Chaide, en Estudios literarios. t. II

Pighi, J.B: I ritmi e i metri nella poesía latina. Brescia, 1958.

Pfand, L.: Historia de la literatura nacional en la Ead del Siglo de Oro. Barcelona.

Plotino.: Las Enneadas.

Rodríguez Huéscar, A.: Del amor platónico a la libertad.

Rousselot, A.: Los misticos españoles.

Ramón de Castro, J.: Simón de Abril y Malón de Chaide. En Revista "Príncicpe deViana" n.IV, (1942).

Ensayo de una bioblioteca tudelana. La enseñanza en el siglo XVI.

Malón de Chaide.(Tudela.1930).

Ruth Bernardt, Erna.: Amor, muerte y fortuna en la Celestina, Madrid, 1963

Sánchez Muniain, J.M..: Antología general de Menéndez y Pelayo. BAC. 1956.

Solana, M.: Historia de la fifosofía española del Renacimiento en el siglo XVI. Madrid, 1941.

Suñol, G. M.: Método de solfeo de canto gregoriano. Tournai. 1908.

Teresa, Santa: Obras completas. (Apostolado de la prensa).

Trattati d´Amore del cinquecento (en Scrittori d´Italia). Presentados por Betusi. Vol.56,y 37.

Toffanin.: Trattati d´Amore nel Reinascimento. Nueva antología.1928. CLVIII, 3-14.

Tonelli,L.: L´amore nella poesía e nel pensiero del Rinascimento, Firenze.1933

Valbuena Prat.A.: Historia de la literatura española. Barcelona.1957.

Vinci, Joseph.: P.Malón de Chaide dentro y fuera de la tradición lietraria agistiniana.(En Religión y Cultura n.18 (1960).p.212,240.

Vela,Santiago: Ensayo de una biblioteca iberoamericana de la Orden de S. Agustín.Vol.V, ¨M¨..Madrid.1920,. Vol.III, ¨G¨y ¨I´. Madrid 1917.

Virgilio : Eneida.(con notas de Petisco). Madrid, 1930

Wardropper, B.W.: Historia de la poesía lírica a lo divino. En la cristiandad occidental..Madrid.1958.
Historia de la poesía lírica a lo divino .(En "Clavileño" n. 25,(1954) p.1-12

Zubiri, X.: Naturaleza, Historia, Dios.Madrid. 1959

Para más bilbiografía general puede verse en Kayser (para el ritmo poético, y en Bell,para el Renacimiento en su obra sobre Fr.Luis.).

Los trabajos de Navarro Tomás no los citamos por haber enfocado nuestro trabajo bajo otro punto de vista: no teniendo encuenta la figura de anacrusis.

Como última referencia véase:

Cf, Cejador 1922

M. R. de Lida: Estudio sobre Guevara
Carmelo Samona: La retórica en la Celestina.

Apendice I

Cuadro de la métrica latina.

Clases de piés métricos de 2 sílabas:
1. Espondeo: – –
2. Pyrriquio: v v
3. Yambo :   v –
4. Troqueo: -- v
   (Coreo)

Piés métricos de 3 sílabas:
1. Moloso.:   – – –
2. Tribaco: v v v
3. Dáctilo :   – v v
4. Anapesto.   v v –
5. Báquio :   v – –
6. Antibáquio :   – – v
7. Anfibraco   v – v
8. Crético   – v –

Piés métricos de 4 sílabas:

1, Dispondeo: – – – –
2. Proceleusmático: v v/ v v
3. Diyambo: v – v –
4. Dicoreo
   Ditroqueo   – v – v

5. Gran Jónico: – – v v
6. Pequeño Jónico. v v – –
7. Coriambo: – v v –
8. Antipasto: v – – v
9. Epítrito   1:   v – – –
              2:       – v – –
              3.   – – v –
              4:       – – – v
10 Peán   1:   – v v v
              2.   v – v v
              3.   v v – v
              4.   v v v --

Clases de versos

Versos de 2 piés:
1. Adónico
   (Pindárico: dáctilo + espondeo: – v v / – –
2. Pequeño arquíloco: – v v / – v v // – –

Versos de 3 piés:
1. Gliconio: Espondeo y 2 dáctilos: – – / – v v / – v v
2. Ferecracio: dáctilo entre 2 espondeos: – – / – v v /
   – --
3. Pequeño Jonio: anapesto, dáctilo, espondeo: v v -- /–
   v v / – --
4. Coraico(trocaico):dáctilo, 2 troqueos: – v v/ – v / – v
   Coraico puro : 3 coreos; – v / – v / – v

Versos de 4 piés_
1. Yámbico: v – / v – / – – / v –
              – – / v v v / – – / v –
              – v v v / v v v / – – / v –

2. Fatisco:　　　– v v / – – 　/ – v v v /– –
　　　　　　　　– – 　/ – v v v / – v v v / – –
　　　　　　　　– v v / – v v / – v v / – –

3. Arquilóco:
　(Dáctilo coraico).　– v v v / – v v v / – v /– v

Versos de 5 piés

1. Sáfico: – v / – – / – v v / – v / – v
2. Alcaico: – – / v – / – – / v v – / v –
　　　　　 v – / v – / – – / v v – / v –

Versos d 6 piés

Hexámetro:
　(Pítico).: – v v/ – v v / – v v / – v v / – v v / – --
　　　　　　 – – / – – / – – / – – / – – / – –
　　　　　　 v v – / – v v / – v v / – v v / – v v / – –
　Gran asclepiadeo: – – / – v v / – –/v v – / – v v / – v v
　Gran Jónico: v v – / – v v / – – / v v – / – v v / – –
　(Senario) yámbico: v – / v – / v – / v – / v / v –
　　　　　　　　　　 – – / v – / **v v v** – / v – / v – / v –
　　　　　　　　　　 v – / v – / – V V V / v – / – – / v --
　　　　　　　　　　 v – / V V V / v – / v – / v – / v –

APENDICE II

La palabra RELIGION y su etimología

Jose Graneris en su libro ¨ Las religiones al desnudo¨ nos resume así las definiciones dadas a esta palabra a través de la historia atendiendo a su etimología:
Tratando de definir la relación del hombre con Dios los escritores tanto paganos como cristianos han atendido a su derivación filológica . Esta es la síntesis de esa lista:

1 Religio : relinquere (dejar, abandonar)
Macrobio en su libro ¨Saturnalia¨atribuye a S. Sulpicio esta definición:
¨Servus Sulpicius religionem esse dictam tradidit, quae propter sanctitatem aliquam remota ac seposita a nobis sit, quasi a relinquendo dicta, ut a carendo caeremonia¨.
La etimología viene del verbo relinquere: dejar, abandonar.
La nota característica de estos autores es el sagrado horror (sacer horror). La práctica es un hecho reservado y secreto: La experiencia religiosa se queda en la del objeto que adora antes que en la adoración misma. Necesita de un sacedocio para mediar entre un dios distante y rígido con las distintas formas mistéricas.

2. Religio: religere.(releer)

Otra etimología fue la de Cicerón: religio, religere (releer)

"De natura deorum": Qui autem omnia quae ad cultum deorum pertinerent, diligenter retractarent et tamquam relegerent, sunt dicti religiosi ex religendo".

Religión significa conocer-ejecutar- exactamente los actos del culto. Para Cicerón religión significa: diligencia, atención a las cosas de la divinidad. Se estudian las fórmulas para no equivocar las exigencias de los dioses.

La santidad consiste en el conocimiento de las fórmulas para acatar y tener éxito con los dioses:

"Est enim pietas justitia adversum deos.. Sanctitas autem est scientia colendorum deorum".

Tácito: Religionibus et divino jure populum devinxit.

Aulio Gellio: Superstitiosa religione sese alligaverit.

3.Religio : religare (volver a atar)

Lactancio corrige a Cicerón.   Religion se deriva de religare

"Divinae institutiones": Hoc vinculo pietatis abstricti Deo et religati sumus, unde religio nomen accepit, non ut Cicero interpretatus est, a religando".

Cambia el fastidioso cuidado de la práctica ritual y la fórmula por el vínculo de la piedad

(vinculum pietatis), que une al homre con Dios.

4. Religio : re-eligo(volver a eligir)

S.Agustín: Trata de aceptar la de Cicerón pero pronto corrige. Religio viene de re-eligo.

Es decir, volvernos a aquel que por negligencia habíamos abandonado, es como un encuentro amoroso con Dios.

"De Civitate Dei": Hunc (Deum) eligentes vel potius religentes, amiseramus enim negligentes, unde et religio dicta perhibetur, ad Eum dilectione tendimus ut perseverando quiescamus.

"De quantitate animae": Est enim religio vera, qua se uni Deo anima, unde se peccando velut abrupterat, reconciliatione religat.

5. En la Edad Media. Se tienen presentes las tres: la de Lactancio, Cicerón y S. Agustín. Santo Tomás no rechaza ni se pronuncia por ninguna en particular pero ve en todas ellas una relación con Dios que él llama "ordo ad Deum".